Bibliothek
des Freizeitmalers

Porträtzeichnen mit Bleistift, Kreide und Kohle

Text von Wendon Blake
Bildbeispiele
von John Lawn

Ravensburger Buchverlag

Titel in der Bibliothek des Freizeitmalers:

Blake, Grundkurs Aquarellmalerei
Blake, Landschaften in Aquarell
Blake, Grundkurs Ölmalerei
Blake, Grundkurs Zeichnen
Blake, Aktzeichnen mit Bleistift, Kreide und Kohle
Blake, Porträtzeichnen mit Bleistift, Kreide und Kohle
Gröger, Stimmungen in Aquarell
Gröger, Oberflächen und Strukturen in Aquarell
Groß, Südliche Landschaften in Aquarell
Grund, Kleine Aquarelle
Kaiser, Blumen aquarellieren
Körner, Bäume und Sträucher in Aquarell und Tempera
Rotgans, Räumliches Zeichnen
Rubins, Anatomie für Künstler
Salzmann, Grundkurs Pastellmalerei
Smith, Aquarellmalerei - Eine Einführung
Smith, Aquarellmalerei - Landschaften
Smith, Aquarellmalerei - Mit Farben gestalten

Die amerikanische Originalausgabe erschien unter dem Titel:
Blake, Wendon: Portrait Drawing
Watson-Guptill Publications, New York

Übersetzung: Beate Wellmann
Umschlaggestaltung: Ekkehard Drechsel BDG
Gesamtherstellung: Himmer, Augsburg
Printed in Germany

98 97 96 95 19 18 17 16

ISBN 3-473-48217-X

Porträtzeichnen Das menschliche Gesicht ist so unendlich faszinierend, immer wieder so verschieden und kann so viele feine Emotionen ausdrücken, daß viele Künstler ihr ganzes Werk dem Porträt gewidmet haben. Jedes Modell ist anders und bedeutet eine neue Herausforderung für den Zeichner, der nicht nur das Gesicht wirklichkeitsgetreu wiedergeben muß, sondern auch die Persönlichkeit seines Modells einfangen will. Dasselbe Gesicht kann ganz anders wirken, wenn der Kopf nur ein wenig gedreht wird, oder das Licht aus einer anderen Richtung kommt. Auch wenn sich die Stimmung des Modells ändert, hat das seine Auswirkungen auf den Gesichtsausdruck. Die Ausdrucksmöglichkeiten beim Porträtieren sind so groß, daß das Porträtzeichnen zu einer wahren Leidenschaft werden kann und andere Motive daneben an Reiz verlieren. Wie so viele Künstler im Laufe der Jahrhunderte werden auch Sie vielleicht entdecken, daß es kaum etwas Aufregenderes gibt, als zu sehen, wie ein lebendiges Wesen auf dem Papier zum Leben erwacht. Für einen Künstler, den Menschen faszinieren, ist das Gesicht eines Menschen das schönste Motiv.

Form und Proportion In den Zeichnungen großer Renaissancemeister ist die komplizierte Form des menschlichen Kopfes oft sehr einfach dargestellt: mit einer Eiform, über die sich Hilfslinien ziehen, die die Lage der Gesichtszüge angeben. Auf den ersten Seiten dieses Buches werden Sie lernen, wie man eine solche Planskizze, ein Diagramm, des Kopfes anfertigt. Sie werden sehen, wie man die Eiform zeichnet und ihr dann durch ergänzen von Licht und Schatten Plastizität verleiht. Außerdem wird Ihnen gezeigt, wie man aus diesem „Renaissance-Ei“ eine ganze Reihe von verschiedenen Männer- und Frauenköpfen machen kann, die von unterschiedlichen Blickpunkten aus gesehen werden: von vorn, von der Seite, schräg von der Seite; auch ein geneigter Kopf ist bei den Beispielen zu finden. Es ist wichtig, die Eiform und die Lage der Hilfslinien vor Augen zu haben, so daß Sie dieses Schema den Proportionen ihres Modells anpassen können.

Das Zeichnen des Gesichtes Am besten lernen Sie das Zeichnen, wenn Sie einem professionellen Künstler bei der Arbeit über die Schulter schauen und es dann selbst einmal ausprobieren. Hier haben Sie Gelegenheit, dem bekannten Zeichner John Lawn zuzusehen, wie er die einzelnen Gesichtszüge, Schritt für Schritt und aus verschiedenen Blickwinkeln, für Sie zeichnet. Er arbeitet die Augen eines Mannes und einer Frau von vorne, von der Seite und schräg von der Seite gesehen und bei geneigtem Kopf. Ebenso werden Sie lernen, wie man die Nase und den Mund eines Mannes oder einer Frau aus denselben vier Perspektiven heraus wiedergibt. Und zum Schluß erfahren Sie noch, wie das Ohr von vorn und von der Seite gezeichnet wird.

Das Zeichnen des Kopfes Wenn Ihnen die Kopfform klar ist und Sie gelernt haben, die Gesichtszüge zu zeichnen, können Sie zusehen, wie John Lawn diese einzelnen Bausteine in Bildbeispielen zu vollständigen Männer- und Frauenköpfen zusammenfügt. Sie können seine Arbeit Schritt für Schritt verfolgen, von der ersten einfachen Skizze mit einfachen Hilfslinien bis hin zur fertigen Zeichnung mit all ihren Schattierungen. Diese Beispiele für das Zeichnen von Gesichtszügen und ganzen Köpfen werden in den vier wichtigsten Schritten wiedergegeben: dem Skizzieren der Form und der Hilfslinien, dem Verfeinern der Konturen, dem großzügigen Anlegen der Töne und der Vollendung der Zeichnung durch letzte Korrekturen und das Ergänzen feiner Details.

Beispiele vollständiger Porträts Nachdem Ihnen John Lawn diese Grundlagen gezeigt hat, zeichnet er für Sie, wieder Schritt für Schritt, zehn vollständige Porträts von verschiedenen Modellen mit unterschiedlicher Haar- und Hautfarbe, die verschieden alt sind und unterschiedliche ethnische Merkmale aufweisen. An den Beispielen sehen Sie auch, wie man mit variierenden Lichteffekten Charakter, Schönheit und Ausdrucksfähigkeit eines Kopfes betonen kann. Die Bildbeispiele sind nach den verwendeten Zeichenwerkzeugen geordnet: Sie finden Bleistiftzeichnungen von einer blonden Frau, einem braunhaarigen und einem dunkelhäutigen Mann, und einer dunkelhaarigen Frau. Bei den Kreidezeichnungen sehen Sie Porträts von einem dunkelhaarigen und einem blonden Mann und von einer Asiatin. Den Abschluß bilden Kohlezeichnungen von einer braunhaarigen und einer dunkelhäutigen Frau und einem grauhaarigen Mann. Jedes dieser Bildbeispiele zeigt alle wichtigen Phasen im Entstehen der Zeichnung vom ersten Strich bis hin zum fertigen Bild. Außerdem finden Sie auch hier die vier Beleuchtungsarten wieder, die für Porträtzeichnungen besonders geeignet sind, dazu eine ausführliche Erklärung der verschiedenen Effekte.

Zeichenwerkzeug Jedes Bildbeispiel ist nach einer anderen Methode mit Bleistift, Kreide oder Kohle gezeichnet. Sie werden sehen, wie man Formen nur mit Linien und Strichen wiedergibt, wie man Schattierungen durch Verwischen herausarbeiten kann und dabei mit dem Bleistift, der Kohle oder der Kreide wie mit Farbe umgeht und schließlich, wie Linien, Striche und verwischte Töne miteinander kombiniert werden können. Die Beispiele sind auf verschiedenem Papier ausgeführt, damit Sie auch sehen, welchen Einfluß der Zeichengrund auf Ton und Textur des Porträts hat. Diese unterschiedlichen Techniken, Zeichenwerkzeuge und Papierarten werden Ihnen an originalgroßen Bildausschnitten noch einmal ganz deutlich gezeigt.

Keine großen Anschaffungen! Wenn Sie mit dem Zeichnen beginnen, besorgen Sie sich am besten zuerst einmal zwei Dinge: einen ganz normalen Bleistift und einen weißen Zeichenblock, etwa DIN A 3. Den Bleistift sollten Sie vorher ausprobieren: er muß eine blaßgraue Linie hinterlassen, wenn man ihn leicht über das Papier führt, und einen dicken, schwarzen Strich, wenn man fester aufdrückt. Wenn Sie in einem Fachgeschäft einkaufen, verlangen Sie am besten einen HB-Bleistift, das ist ein nützliches und vielseitiges Zeichengerät, und einen dickeren, dunkleren Stift (4B, 5B oder 6B) für kräftigere Linien. Ihr Zeichenblock sollte aus festem, weißem Papier mit geringer Textur sein, allerdings nicht so glatt wie Schreibmaschinenpapier. Für eine Kreidezeichnung benötigen Sie nichts weiter als einen schwarzen Pastell- oder Contéstift, und schon zwei Kohlestifte genügen für eine Kohlezeichnung: wählen Sie einen mit der Bezeichnung „weich" und einen „mittel".

Bleistifte Wenn von Bleistiftzeichnung die Rede ist, denkt man meistens an Graphitstifte. Dabei handelt es sich gewöhnlich um eine runde Mine aus schwarzem, etwas schmierigem Graphit, die von einem etwas dickeren Holzmantel umgeben ist. Man kann die Zeichenstifte in zwei Gruppen unterteilen: in weiche und harte. Ein weicher Stift hinterläßt eine dunklere Linie als ein harter. Weiche Stifte tragen meist die Bezeichnung „B" und eine Zahl, die ihren Härtegrad angibt; so ist z. B. 3B weicher und dunkler als 2B. Harte Stifte sind nach demselben System mit einem „H" und einer Zahl versehen. Im Fachhandel erhalten Sie auch Graphitminen in verschiedener Stärke für Metall- oder Plastikhalter. Für großzügiges Arbeiten eignen sich fingerlange, rechteckige Graphitstäbchen besonders gut.

Kreide Ein schwarzer Pastell- oder Contéstift besteht aus einer Mine aus schwarzer Kreide, die wie beim Graphitstift von einem Holzmantel umgeben ist. Wenn Sie bereits mit Kreide in Stiftform gearbeitet haben, sollten Sie auch einmal ein rechteckiges Pastell- oder Contéstäbchen ausprobieren, oder sich eine schwarze Kreidemine und einen entsprechenden Metall- oder Plastikhalter zulegen.

Holzkohle Kohlestifte sind gewöhnlich in zwei Formen im Handel: als dünne Mine in einem Holzmantel, wie ein Graphitstift, oder als dickerer Stift mit einer Papphülle, die beim Zeichnen nach und nach entfernt wird. Wenn Sie sich eine vollständige Auswahl von Kohlestiften anschaffen wollen, dann kaufen Sie am besten drei: einen harten, einen mittleren und einen weichen. Manche Hersteller bieten auch Kohlestifte in den Härtegraden von HB bis 6B an. Wie bei den Graphitstiften ist auch hier HB der härteste und 6B der weichste. Sie sollten sich auch ein paar Stäbchen natürlicher Holzkohle besorgen; außerdem gibt es noch Kohleminen für den Halter, ähnlich wie bei Graphit- und Kohlestiften.

Papier Natürlich können Sie Ihr ganzes Leben lang ganz wundervolle Zeichnungen auf einfachem, weißem Zeichenpapier anfertigen, aber Sie sollten auch einmal etwas anderes ausprobieren. Ingrespapier z. B. hat eine gerippte Textur und eine ganz harte Oberfläche: dadurch wirken die Linien rauh, und man kann die Striche gut verwischen und so samtige Töne schaffen. Sie sollten es dann auch einmal mit wirklich rauhem Papier mit unregelmäßiger Oberfläche versuchen; dabei entsteht ein kräftiger, stark gekörnter Strich. Bitten Sie Ihren Fachhändler doch einfach einmal, Ihnen sein rauhestes Zeichenpapier vorzulegen, und probieren Sie ein paar Bögen davon aus.

Radierer (Radiergummis) Für Bleistiftzeichnungen verwendet man im allgemeinen einen weichen Radierer – meist ist er weiß oder rosa –, den es als daumengroßes Blöckchen oder als Stift in einer Papphülle zu kaufen gibt. Für Kreide- und Kohlezeichnungen eignet sich am besten ein Knetgummi, ein graues, rechteckiges Blöckchen, das sich wie Ton in jede beliebige Form bringen läßt. Um die weißen Flächen eines Bildes zu reinigen, verwendet man meist einen dicken Speckgummi.

Nützliches Allerlei Außerdem brauchen Sie noch ein hölzernes Zeichenbrett als Unterlage für Ihren Zeichenblock oder eine weiche Holzfaserplatte, auf der Sie lose Blätter befestigen können. Dann sollten Sie sich ein paar Rasierklingen besorgen, die möglichst nur auf einer Seite scharf sind, oder ein scharfes Messer, am besten ein Klappmesser, womit Sie dann Ihre Zeichenstifte anspitzen können. Außerdem benötigen Sie einen Minenschleifer, ein kleines Sandpapierblöckchen, um die Stifte in Form zu schleifen, ein paar Reißzwecken, einen Papierzylinder (Wischer oder Estompe) zum Verwischen harter Linien und ein Sprühfläschchen Fixativ.

Arbeitsplatz Wenn Sie mit der Arbeit beginnen wollen, müssen Sie unbedingt darauf achten, daß das Licht von links kommt, wenn Sie Rechtshänder sind (bei Linkshändern von rechts), damit Ihre Hand keinen Schatten auf das Zeichenpapier wirft. Die Zeichenstifte bewahrt man am besten in einem Marmeladenglas auf, immer mit der Spitze nach oben, damit sie nicht stumpf werden können. Kreide- oder Kohlestäbchen sollten Sie immer in einer flachen Schachtel oder einem Plastikbesteckkasten mit praktischer Unterteilung aufheben, der übrigens auch für Bleistifte geeignet ist. Halten Sie die Radierer immer sauber: sie sollten nicht direkt bei den Zeichenstiften untergebracht sein, sondern lieber in einer gesonderten kleinen Schachtel oder einem eigenen Fach im Besteckkasten.

Bleistifte Graphitstifte erhalten Sie in ganz unterschiedlicher Form. Auf der Abbildung sehen Sie von rechts nach links: einen vielseitigen HB-Stift, einen dickeren, weicheren Bleistift für stärkere und dunklere Striche, einen Metallhalter mit feiner Mine, einen Plastikhalter mit dicker Mine und ein Graphitstäbchen, das kräftige, breite Linien auf dem Papier hinterläßt. Es empfiehlt sich, mehrere Stifte und zusätzlich zwei oder drei Halter anzuschaffen, damit Sie ausprobieren können, mit welchem Zeichengerät Sie am besten zurechtkommen.

Kreiden Sie sehen hier vier verschiedene Kreiden. Von rechts unten nach links oben: einen kleinen, rechteckigen Contéstift, ein größeres, rechteckiges Stäbchen harte Pastellkreide, einen harten Pastellstift, der sich gut für lineares Zeichnen eignet, und eine runde Mine in einem Metallhalter. All diese Zeichengeräte sind recht preiswert, so daß Sie ruhig alle einmal durchprobieren können, um herauszufinden, welches Ihnen am meisten liegt.

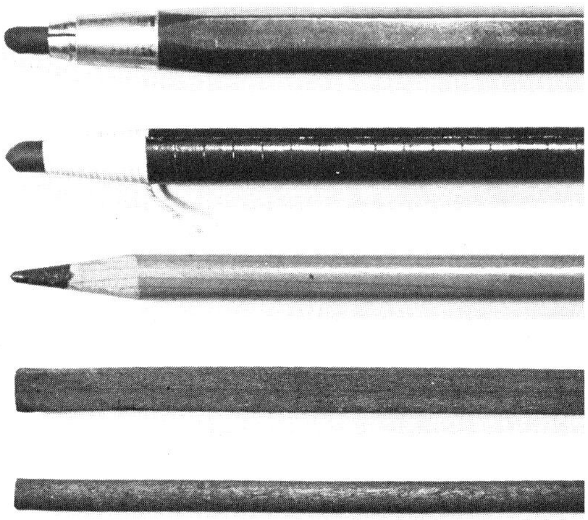

Holzkohle Von unten nach oben sehen Sie hier ein zylindrisches Stäbchen natürliche Holzkohle, ein rechteckiges Stäbchen aus demselben Material, einen Kohlestift und einen weiteren Stift, der aber nicht von einem Holzmantel, sondern von einer Papphülle umgeben ist, die beim Zeichnen nach und nach entfernt wird, und eine Mine aus gepreßter Holzkohle in einem Metallhalter. Natürliche Holzkohle schmiert leicht und ist einfach auszuradieren, sie eignet sich also besonders gut für großflächige Tönungen. Einen Kohlestift dagegen verwendet man vorwiegend bei Zeichnungen mit klarer Linienführung, der nicht so leicht verwischt.

Radierer (Radiergummis) Auf dieser Abbildung sehen Sie von links nach rechts den normalen Speckgummi, einen härteren rosa Radierer in Stiftform, mit dem man gut genaue Korrekturen bei kleineren Flächen einer Bleistiftzeichnung ausführen kann, einen größeren Radierer mit abgeschrägten Enden für größere Korrekturen und einen Knetgummi. Wie Sie rechts oben sehen können, läßt sich der Knetradierer wie Ton in jede beliebige Form bringen. Drücken Sie den Knetgummi fest auf das Papier und heben Sie ihn dann gleich wieder ab; Sie sollten nur dann damit über die Papieroberfläche reiben, wenn es unvermeidlich ist.

Zeichenbrett und Block Normalerweise kaufen Sie Ihr Zeichenpapier als Block, der an einer Seite wie ein Buch gebunden ist. Ein Spiralblock, wie Sie ihn hier sehen, ist besonders praktisch, weil sich die Blätter sehr leicht umschlagen lassen. Der Block allein wird allerdings meist nicht steif genug sein, um als einzige Zeichenunterlage zu dienen. Am besten besorgen Sie sich im Fachhandel ein hölzernes Zeichenbrett, oder Sie nehmen einfach ein Stück Sperrholz oder eine Holzfaserplatte. Wenn Sie beim Zeichnen lieber lose Blätter als einen Block verwenden, sollte die Holzfaserplatte so weich sein, daß Sie Ihr Papier mit Reißzwecken darauf befestigen können.

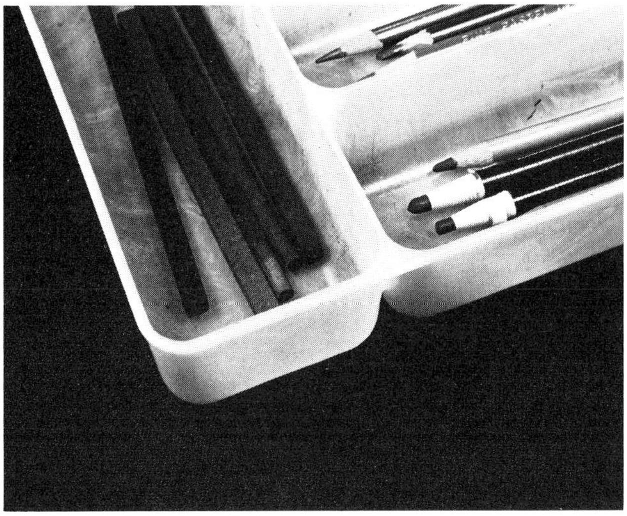

Aufbewahrung des Zeichenwerkzeugs Bewahren Sie Ihre Zeichenstifte, Kreide- oder Kohlestäbchen immer sehr sorgfältig auf. Sie sollten nicht lose in einer Schublade herumliegen, wo sie leicht zerbrechen oder beschädigt werden können. Die Fächer eines Besteckkastens sind z. B. ein guter Aufbewahrungsort: dort ist Ihr Zeichenwerkzeug geschützt, und Sie können es außerdem übersichtlich ordnen. Natürlich eignen sich dazu auch flache, längliche Schachteln.

Messer und Minenschleifer Der Bleistift rechts wurde mit einem normalen Bleistiftspitzer angespitzt, der andere bekam mit Messer und Minenschleifer eine breitere Spitze. Man benutzt das Messer, um den Holzmantel zu entfernen, dann wird die Mine auf Sandpapier zu einer breiten, flachen Spitze geschliffen. Legen Sie sich dafür am besten ein Klappmesser zu: es ist handlicher, man verletzt sich nicht so schnell. Rechts neben dem Messer sehen Sie einen Minenschleifer, ein kleines Sandpapierblöckchen, das wie ein Buch auf einer Seite gebunden ist, so daß man die beschmutzten Blätter ohne weiteres entfernen kann.

Wischer und Papiertuch Um Holzkohlestriche zu verwischen und die Töne in Ecken und Winkel zu verteilen, können Sie in jedem guten Zeichengeschäft Wischer (Estompes) in verschiedener Größe kaufen. Ein solcher Wischer ist ein Zylinder aus ganz fest aufgerolltem Papier mit einem spitzen und einem stumpfen Ende. Die stumpfe Seite verwendet man zum Verwischen großer Flächen, die Spitze für kleinere Bildabschnitte. Mit einem zusammengeknüllten Papiertuch können Sie Kohlestaub entfernen; die Linien eines Kohlestiftes sind nur sehr schwer zu beseitigen. Ein Papiertuch eignet sich auch, um einen zarten Ton über eine große Fläche zu verteilen.

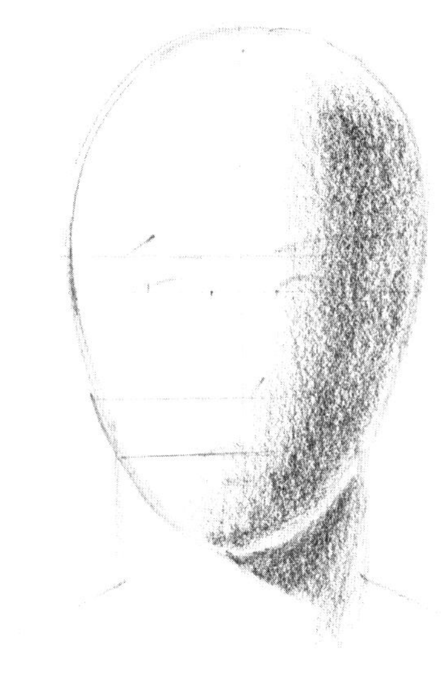

Eiform Von vorne gesehen ist der Kopf eiförmig. Viele Künstler beginnen ein Porträt, indem sie zuerst einmal ein Ei zeichnen. Eine vertikale Mittellinie hilft, die Gesichtszüge symmetrisch anzulegen. Horizontale Hilfslinien sind nützlich, um die Lage der Gesichtszüge auf beiden Seiten der Mittellinie anzudeuten.

Kopfform Die Töne sind bei einem Kopf genauso angeordnet wie bei einem Ei. Von links nach rechts sehen Sie vier verschiedene Schattierungen, die sanft ineinander übergehen: Licht, Halbton, dort wo die Rundung zurückweicht, Schatten und reflektiertes Licht, dort wo die Schatten heller werden. Das Kinn wirft einen Schlagschatten auf den Hals.

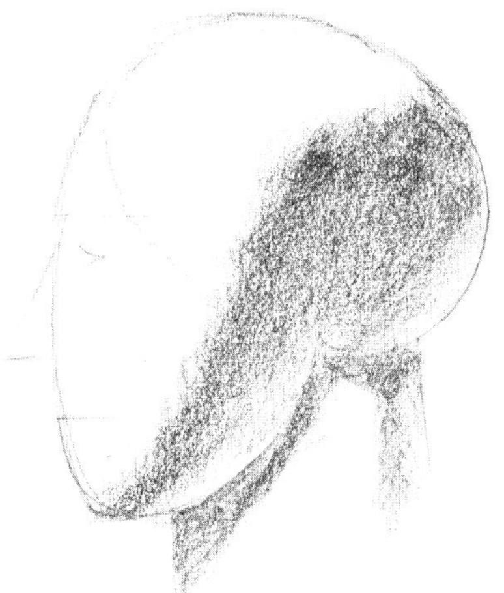

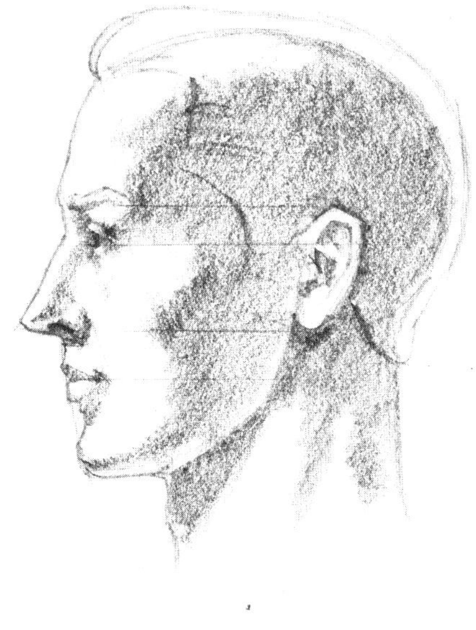

Eiform Wenn Sie eine Seitenansicht zeichnen, betrachten Sie den Kopf am besten als zwei ineinandergesteckte Eier, ein horizontales und ein vertikales, die beide ein wenig geneigt sind. Wieder von links nach rechts gesehen, finden Sie auch hier die vier verschiedenen Töne: Licht, Halbton, Schatten und reflektiertes Licht. Eine ähnliche Abstufung sehen Sie auf der rechten Halsseite.

Kopfform Natürlich ist die Form eines richtigen Kopfes sehr viel schwieriger wiederzugeben als eine Eiform und ein Zylinder, aber die Abfolge der Töne ist im wesentlichen dieselbe. Wieder erkennen Sie Licht, Halbton, Schatten und reflektiertes Licht ganz deutlich auf den großen Flächen von Schädel, Wange und Kiefer, noch differenzierter bei Augenhöhlen, Nase und Hals.

Eiformen Hier sehen Sie den Kopf im Halbprofil, in der Mitte zwischen Vorder- und Seitenansicht. Er besteht immer noch aus zwei ineinandergesteckten Eiformen. Das vertikale davon ist klar zu erkennen, aber von dem vertikalen ist jetzt etwas weniger zu sehen. Die Abstufung der vier Töne bleibt im wesentlichen gleich.

Kopfform Das Licht kommt von rechts, so daß die Aufeinanderfolge der Töne (Licht, Halbton, Schatten, reflektiertes Licht) von rechts nach links verläuft. Sie sehen diese Schattierungen am besten auf der Schattenseite des Gesichts und bei Kinn und Kiefer. Die Nase wirft einen Schatten auf die Oberlippe, das Ohrläppchen wirft einen Schlagschatten auf den Hals.

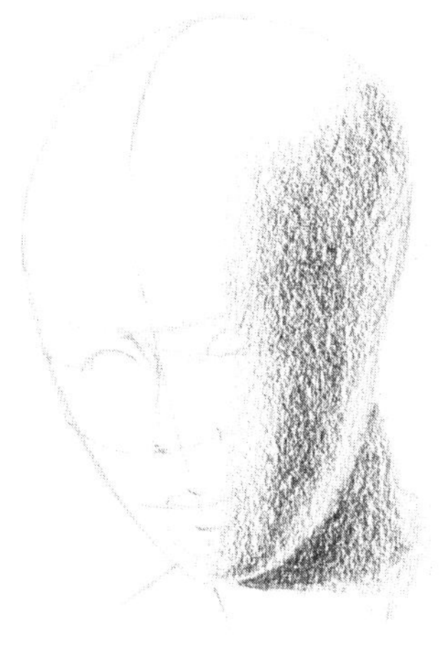

Eiformen Wenn der Kopf ein wenig geneigt wird oder wenn Sie etwas von oben darauf schauen, erkennen Sie zwar immer noch die beiden Eiformen, aber bei den Hilfslinien hat sich doch einiges verändert. Beachten Sie, wie gebogen sie jetzt sind. Aber selbst, wenn sich das Verhältnis der Gesichtszüge zueinander ändert, bleibt die Abfolge der Schattierungen im wesentlichen gleich.

Kopfform Von links nach rechts können Sie sowohl bei der Eiform als auch bei dem Kopf die vier ineinander übergehenden Töne erkennen: Licht, Halbton, Schatten, reflektiertes Licht und den Schlagschatten auf dem Hals. Diese Tonabstufungen sehen Sie am besten bei Stirn, Wange und Kiefer, außerdem in den Augenhöhlen und bei der Nase.

Schritt 1 Wenn John Lawn ein Auge zeichnet, legt er zuerst einmal mit ein paar wenigen, aber sorgfältigen Linien die wichtigsten Konturen fest. Er deutet Ober- und Unterlid, Augenbraue und den inneren Augenwinkel an. In diesem Stadium besteht die Iris nur aus einem Kreis. Schauen Sie sich nun noch einmal die Lidränder genauer an: vom äußeren Augenwinkel aus verläuft das Oberlid in einem langen, flachen Bogen, der sich zum inneren Augenwinkel hin stärker krümmt. Auch das Unterlied verfolgt eine flache Kurve, die sich am äußeren Augenwinkel nach oben zieht.

Schritt 2 Dann drückt der Künstler den Bleistift fester auf das Papier und korrigiert die Konturen aus Schritt 1. Die noch sehr eckigen Linien aus der letzten Phase werden jetzt runder und harmonischer, und das Auge beginnt lebendiger zu wirken. Die Form der Lider ist klarer herausgearbeitet. Sie müssen beim Zeichnen immer daran denken, daß das Oberlid einen Teil der Iris verdeckt; das Unterlid reicht auch an die Iris heran, verdeckt sie aber kaum.

Schritt 3 Nachdem die Konturen jetzt genauer gezeichnet sind, trägt John Lawn die Töne mit dicken, spontanen Strichen auf. Die getönten Flächen bestehen in Wirklichkeit aus Bündeln von parallelen Strichen; Sie sehen das am besten bei der Iris und dem Schatten in der Augenhöhle. Der Künstler deutet dann die Pupille mit einem dunklen Punkt an und zeichnet ganz vorsichtig den Schatten, den das Oberlid auf die Iris und den Augapfel wirft. Er deutet die Schatten in den Augenwinkeln und an der Unterseite des Unterlids an.

Schritt 4 Im letzten Schritt vertieft der Künstler die Schatten und ergänzt letzte Details. Er tönt die Schatten um die Augenlider herum dunkler und verstärkt den Schatten, den das Oberlid auf das Auge wirft. Er tönt Iris und Pupille nach und arbeitet das Glanzlicht in der Pupille mit einer raschen Bewegung mit einem Radierer heraus. Mit weiteren Parallelen tönt er den inneren Augenwinkel dunkler. Unregelmäßige Kritzellinien deuten die Augenbrauen an. Mit der Spitze des Stiftes werden zum Schluß dann noch einmal sorgfältig die Konturen des Oberlids nachgezogen und die Tränenkanäle im Augenwinkel hinzugefügt.

Schritt 1 Wenn der Kopf ins Halbprofil gedreht wird, dreht sich das Auge natürlich mit, und seine Form verändert sich. Wenn das Modell Sie anschaut, wie das hier der Fall ist, bewegt sich die Iris zur Seite. Der Künstler hält wieder mit wenigen, rasch gezeichneten Linien die wichtigsten Konturen von Augenlidern, Iris und Augenbraue fest und deutet im inneren Augenwinkel die Augenhöhle an. Ist Ihnen die gerade, horizontale Linie aufgefallen, die durch das ganze Auge verläuft? Das ist die Hilfslinie, mit der der Künstler die Lage der Augen auf der Eiform angedeutet hat.

Schritt 2 John Lawn überarbeitet jetzt die Skizze von Schritt 1 mit dunkleren, präziseren Linien. Die Bogen der Lider werden sorgfältiger herausgearbeitet, der Kreis der Iris wird korrigiert und die Pupille ergänzt. Schräg von der Seite betrachtet, scheint das Auge nicht mehr so breit zu sein wie in der Vorderansicht, aber der Schwung der Augenlider hat sich nicht wesentlich verändert. Das Oberlid beginnt außen mit einem flachen Bogen, der sich zum inneren Augenwinkel hin stärker neigt. Das Unterlid ist gegenläufig: es beginnt innen mit einer abgeflachten Kurve, die im äußeren Augenwinkel steiler wird.

Schritt 3 Jetzt arbeitet der Künstler die unterschiedlichen Töne mit Bündeln von Parallelen heraus. Diese dicken Striche werden mehr mit der Seite als mit der Spitze der Mine gezeichnet. Beachten Sie, wie die Striche dem Bogen der Augenhöhle folgen. Die schattigen Lidränder sind sehr sorgfältig wiedergegeben. Auch hier deutet der Künstler wieder den Schatten an, den das Oberlid auf das Auge wirft. Dann tönt er Pupille und Augenbraue etwas dunkler, aber die wirklich dunklen Töne werden bis zum Schluß aufgehoben.

Schritt 4 Der Zeichner dunkelt Iris und Pupille nach und verstärkt die Schatten an den Lidrändern. Weitere parallele Striche werden mit der Seite der Mine um die Augenhöhlen herumgelegt, um die Töne zu vertiefen und die Form runder wirken zu lassen. Im Augenwinkel wird ein Hauch von Schatten auf dem Augapfel ergänzt. Die Braue wird mit langen, eleganten Strichen gezeichnet, die Wimpern sind kurze Bögen. Die Glanzlichter in der Pupille werden mit dem Radiergummi herausgearbeitet. Vergleichen Sie nun einmal das Auge dieser Frau mit dem Auge des Mannes bei dem vorigen Beispiel: es ist viel weicher und runder.

Schritt 1 In Wirklichkeit ist das Auge eine kleine Kugel, die in der Augenhöhle ruht. Oft ist es sinnvoll, zuerst diese Kugel zu zeichnen, wie es John Lawn hier tut. Um die Kugel legt er wie zwei Bänder die Augenlider und zeichnet die Iris in die Mitte. Die Braue schmiegt sich um den Rand der Kugel. Wenn Sie das Auge von der Seite betrachten, sieht es viel runder und plastischer aus. Natürlich können Sie später die Hilfslinien bei der Kugel ausradieren.

Schritt 2 Der Künstler arbeitet mit der Spitze des Bleistifts, zieht sorgfältig die Linien der Lider nach, zeichnet die Iris genauer und ergänzt die Pupille. Er fügt eine zweite Linie am unteren Lidrand hinzu. Dadurch entsteht noch mehr der Eindruck, daß sich die Lider wie zwei Hautbänder um die Kugel des Augapfels legen, und das, obwohl der Zeichner fast alle Hilfslinien ausradiert hat, mit denen er in Schritt 1 die Kugel skizziert hatte. Jetzt werden die Striche der Braue verstärkt, die in einer klaren S-Kurve verläuft. Vergleichen Sie nun einmal Ober- und Unterlid: das Oberlid ist steiler und steht weiter vor als das Unterlid.

Schritt 3 Hier legt John Lawn die Töne an, indem er den Stift in parallelen Linien leicht mit der Seite der Mine über das Papier gleiten läßt. Er tönt die Braue dunkler und deutet den Schatten darunter, direkt über der Nasenwurzel, an. Er ergänzt Schatten an den Lidrändern und fügt einen ganz dunklen Schatten in der Augenhöhle über dem Oberlid hinzu. Das Oberlid wirft einen deutlichen Schattenstreifen auf Iris und Augapfel. Dann werden Iris und Pupille noch einmal nachgetönt.

Schritt 4 Lawn arbeitet immer noch mit der Seite der Mine und tönt mit dicken, parallelen Strichen die Schatten nach. Die dunklen Flächen um das Auge herum werden betont und lassen die Augenhöhle tiefer erscheinen. Außerdem werden die Lidränder noch einmal nachgezogen und die Wimpern mit ein paar dunklen Tupfern angedeutet. Iris und Pupille werden noch einmal nachgetönt, das weiße Glanzlicht wird mit dem Knetgummi herausgearbeitet. Durch einen Hauch von Ton genau über dem Unterlid wirkt der weiße Augapfel runder. Mit elegant geschwungenen Linien wird zum Schluß noch die Augenbraue vervollständigt.

Schritt 1 Wenn der Kopf gesenkt wird, neigt sich auch das Auge; wie Sie bei dieser ersten Skizze erkennen, sieht man dann mehr vom Ober- und weniger vom Unterlid. Auch von Iris und Augapfel ist weniger zu sehen, weil das Oberlid weit heruntergezogen ist. In dieser ersten Skizze werden die Bögen der Lider, die Augenhöhle und die typische S-Kurve der Braue festgelegt.

Schritt 2 Der Künstler zeichnet jetzt ganz sorgfältig die Konturen von Auge und Lidern über die Skizze von Schritt 1. Da wir etwas von oben auf das Auge schauen, sehen wir sehr viel vom Oberlid, und die Form des Auges scheint insgesamt schmaler zu sein. Lawn zieht die Linie der Iris nach und ergänzt die Pupille. Er zeichnet den Tränenkanal genauer und beginnt dann, die innere Kontur der Augenhöhle mit geschwungenen Linien anzudeuten, die der Rundung der Augenhöhle folgen. Beachten Sie, wie sich im äußeren Augenwinkel das Oberlid über das Unterlid zieht.

Schritt 3 Um die Töne anzulegen, läßt der Künstler den Stift mit der Seite der Mine leicht über das Papier gleiten. Mit parallel verlaufenden Bögen wird die Rundung der Augenhöhle über dem Auge und im inneren Augenwinkel angedeutet. Auch die Schatten auf den Lidern werden mit geschwungenen Linien ausgeführt. Um die Pupille nachzutönen, drückt der Zeichner den Stift fester auf das Papier. Mit horizontalen Strichen wird der Schatten herausgearbeitet, den das Oberlid auf Iris und Augapfel wirft. Im inneren Augenwinkel wird ein dunkler Schatten ergänzt, lange, elegante Bögen deuten die Braue an.

Schritt 4 Um das Bild zu vervollständigen, legt der Künstler mit dicken Strichen mit der Seite der Mine Schatten um das Auge. Er tönt den dunklen Schatten nach, den die Augenhöhle auf das Oberlid wirft, und vertieft die dunkle Fläche unter dem Unterlid. Iris und Pupille bekommen einen dunkleren Ton, ebenso der Schatten, den das Oberlid wirft, und innerhalb des weißen Augapfels wird hier und da ein Hauch von Ton ergänzt. Mit dem Knetgummi werden dann noch ein paar Glanzpunkte gesetzt, und mit der Spitze des Bleistifts ergänzt John Lawn zum Schluß noch Details bei Wimpern und Augenbraue.

Schritt 1 Diesmal beginnt John Lawn seine Skizze mit einfachen, geraden Linien. Sie sehen die senkrechte Mittellinie, die ihm hilft, Mund und Kinn symmetrisch wiederzugeben. Die Linie, die Ober- und Unterlippe trennt, ist eine von den horizontalen Hilfslinien, die der Künstler über die Eiform legt. Über dieser Linie zeichnet er dann mit nur vier Strichen die Oberlippe, für die Unterlippe genügen schon drei. Eine Kritzellinie deutet den Schatten darunter an. Beachten Sie, daß auch hier schon die Rinne angedeutet ist, die von der Nase zur Oberlippe verläuft.

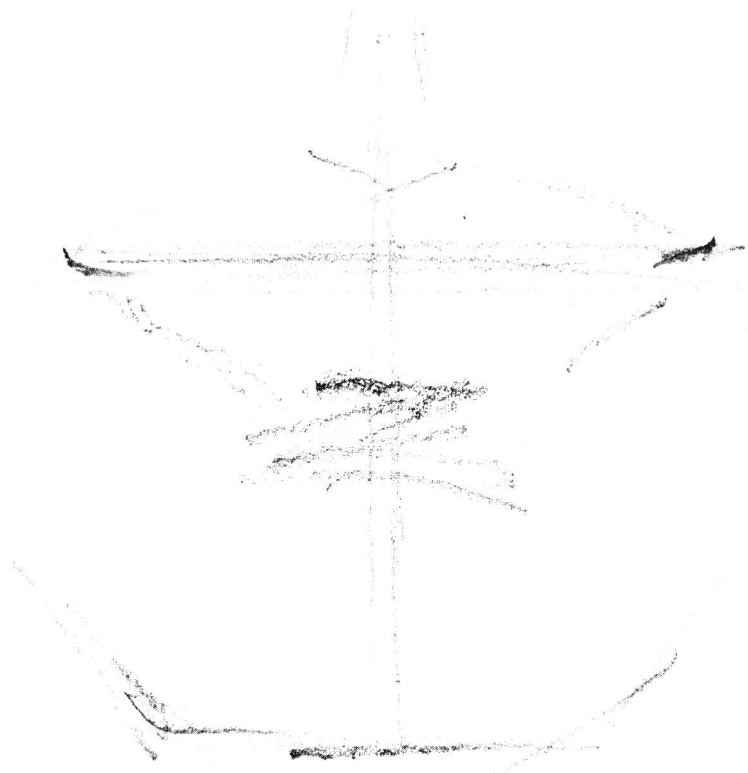

Schritt 2 Die Oberlippe hat in etwa die Form von zwei Flügeln, die sich in der Mittellinie des Gesichtes treffen. Der Künstler zeichnet die Oberlippe jetzt kräftiger nach, um diese Form zu unterstreichen. Die Unterlippe besteht aus einer rechteckigen Mittelfläche und zwei dreieckigen Seitenflächen. Mit ein paar Strichen werden diese verschiedenen Ebenen angedeutet. Außerdem verstärkt der Zeichner die senkrechte Mittellinie, um die kleine Falte herauszuarbeiten, die oft mitten über die Unterlippe verläuft.

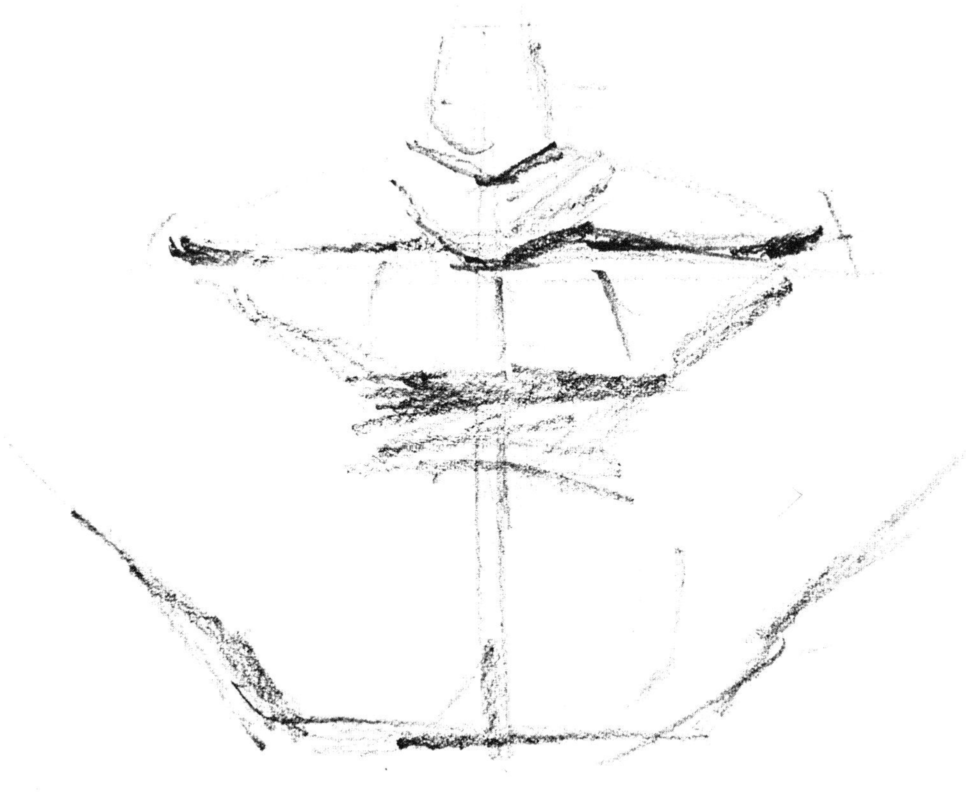

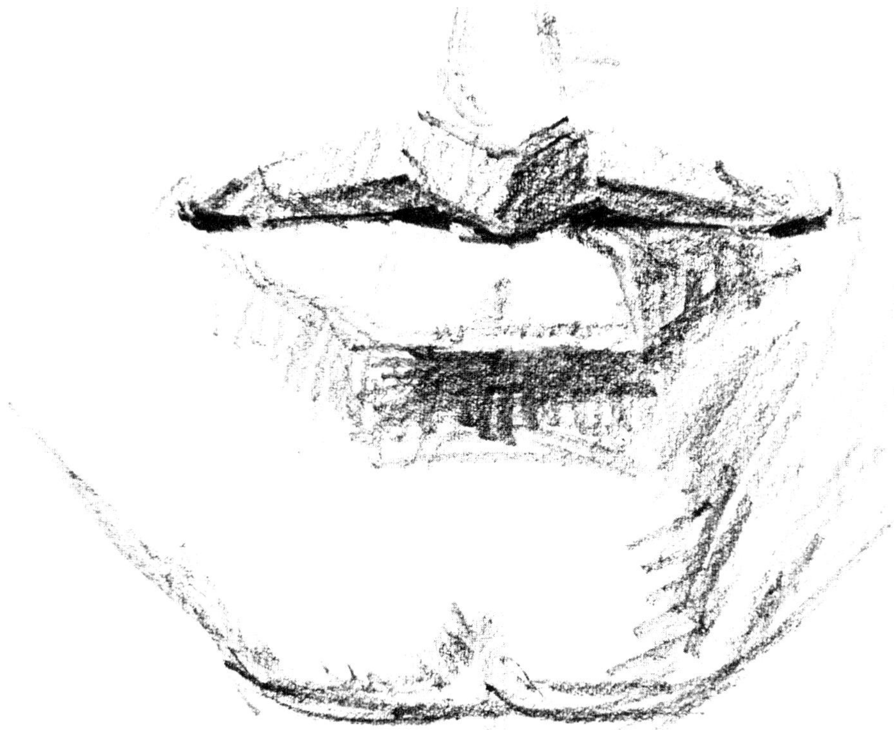

Schritt 3 Jetzt hält der Künstler den Bleistift so schräg, daß er mit der Seite der Mine die Töne mit dicken, parallelen Strichen auftragen kann. Im allgemeinen liegt die Oberlippe im Schatten, da sie unten zurücktritt und so vom Licht abgewandt ist. Zwischen Ober- und Unterlippe legt der Zeichner eine kräftige, dunkle Linie. Unter der Unterlippe befindet sich ein tiefer Schatten. Das Licht kommt von links, also liegen die Schatten auf der rechten, vom Licht abgekehrten Seite. Deshalb deutet er einen Schatten auf der rechten Seite des Kinns an (vom Betrachter aus gesehen) und ergänzt ein wenig Schatten in der Rinne über der Oberlippe.

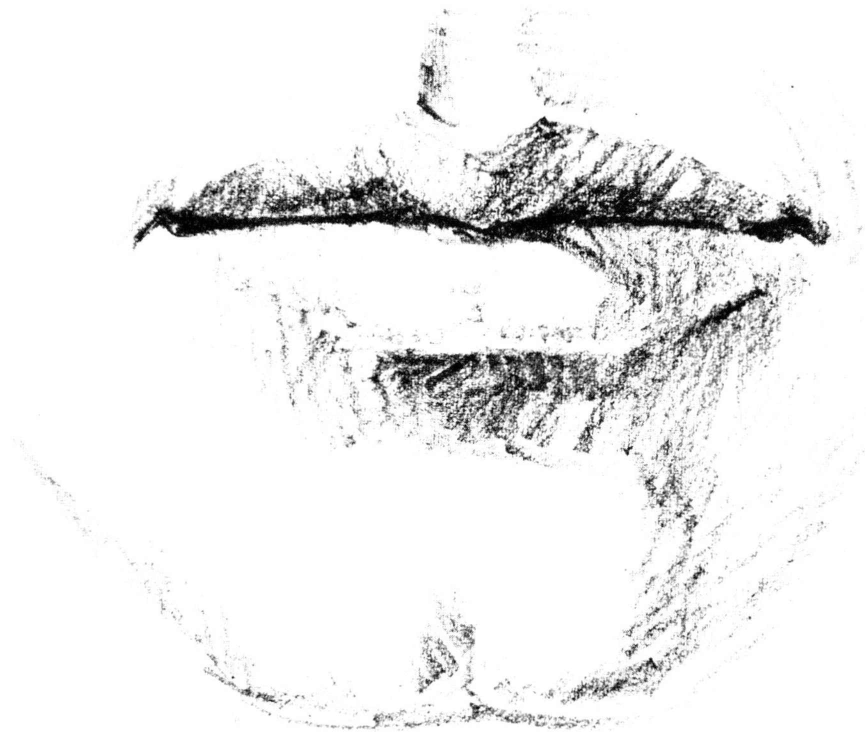

Schritt 4 Nachdem in Schritt 3 die Verteilung von Licht und Schatten schon grob festgelegt wurde, braucht der Künstler diese Töne nur noch zu vertiefen. Er tönt die Oberlippe nach, die auf der linken – beleuchteten – Seite etwas heller ist. Bei der Unterlippe finden Sie drei unterschiedlich getönte Flächen (Halbton links, Licht in der Mitte und Schatten rechts), die den drei Ebenen aus Schritt 2 entsprechen. Der Künstler verstärkt noch einmal die Linie zwischen den Lippen, tönt den Schatten unter der Unterlippe nach, und um Kiefer und Kinn besser zu modellieren, ergänzt er in der Rinne über der Oberlippe noch etwas mehr Ton. Beachten Sie, daß die tiefsten Schatten in den Mundwinkeln liegen.

Schritt 1 Der Künstler zeichnet die Flügel der Oberlippe mit geschwungenen Linien, um die Weichheit des weiblichen Mundes zu unterstreichen. Die volle Unterlippe besteht aus nur einem einzigen Bogen. Der waagerechte Strich, der Ober- und Unterlippe voneinander trennt, ist die übliche Hilfslinie, die der Künstler über die Eiform legt, um die Lage des Mundes anzugeben. Der Kopf, und damit auch der Mund, ist etwas zur linken Bildseite gedreht, wodurch sich auch die senkrechte Mittellinie etwas nach links verschiebt und der Mund nicht mehr ganz symmetrisch ist. Man sieht jetzt mehr von der rechten Seite.

Schritt 2 Hier überarbeitet John Lawn nun die Skizze aus Schritt 1 und zeichnet die Form der Lippen genauer. Beachten Sie die komplizierten Konturen der Oberlippe, und schauen Sie sich an, wie die Oberlippe in der Mitte ein wenig über die Unterlippe ragt. Hier werden nicht wie beim letzten Beispiel Trennlinien zwischen den drei Flächen auf der Unterlippe gezeichnet; der Künstler zeichnet die Konturen etwas eckiger und deutet so diese drei Ebenen an. Dann werden Kinn und Kiefer mit weiteren Strichen präziser herausgearbeitet.

Schritt 3 Der Künstler beginnt nun, die Oberlippe dunkler zu tönen, die, wie Sie schon bei dem vorangegangenen Beispiel gesehen haben, meist im Schatten liegt. Er zieht die Trennlinie zwischen den Lippen nach und betont die Schatten in den Mundwinkeln. Genau über dieser Linie wird die Oberlippe noch einmal nachgetönt, um ihre Rundung zu unterstreichen. Lawn legt einen hellen Ton über die Unterlippe, die voll beleuchtet ist; allerdings tönt er die Schattenfläche auf der rechten Seite dunkler. Mit großzügigen Strichen wird der Schatten unterhalb der Unterlippe vertieft. Und dann beginnt der Zeichner, den Ton auf der Seite von Kiefer und Kinn anzulegen, und ergänzt den Schatten in der Rinne über der Oberlippe.

Schritt 4 Der Zeichner vertieft noch einmal den Schatten auf der Oberlippe, zieht die Trennlinie zwischen den Lippen nach und betont die dunklen Mundwinkel. Obwohl bei diesem Beispiel die Unterlippe mehr Licht abbekommt als die Oberlippe, ist sie immer noch dunkler als die Gesichtshaut, deshalb wird sie etwas nachgetönt, wobei ein Fleckchen weiß gelassen wird, um ein Glanzlicht anzudeuten. Der Künstler vertieft die Schatten auf der Unterlippe, rechts und an der Unterseite, damit die Form runder wirkt. Zum Schluß ergänzt er noch einen Hauch von Ton bei Kinn, Kiefer und der kleinen Rinne über der Oberlippe. Vergleichen Sie diesen weichen Mund des weiblichen Modells mit dem eckigeren Mund eines Mannes aus dem vorhergehenden Beispiel.

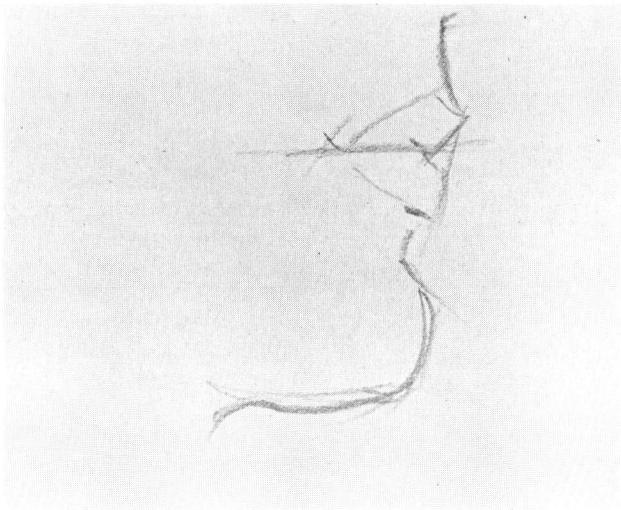

Schritt 1 Über der horizontalen Hilfslinie, die die Trennung zwischen Ober- und Unterlippe bildet, zeichnet der Künstler die Oberlippe mit wenigen Strichen und ergänzt mit einem einzigen Bogen die Linie, die vom Mund zur Nasenwurzel verläuft. Ebenso deutet er die Unterlippe mit ein paar eckigen Strichen an und zeichnet dann sorgfältig, mit geschwungenen Linien, das Kinn. Beachten Sie die schräge Linie vorne bei den Lippen, sie ist eine wichtige Hilfslinie, da sie das Verhältnis von Ober- zu Unterlippe angibt: normalerweise steht die Oberlippe etwas weiter vor.

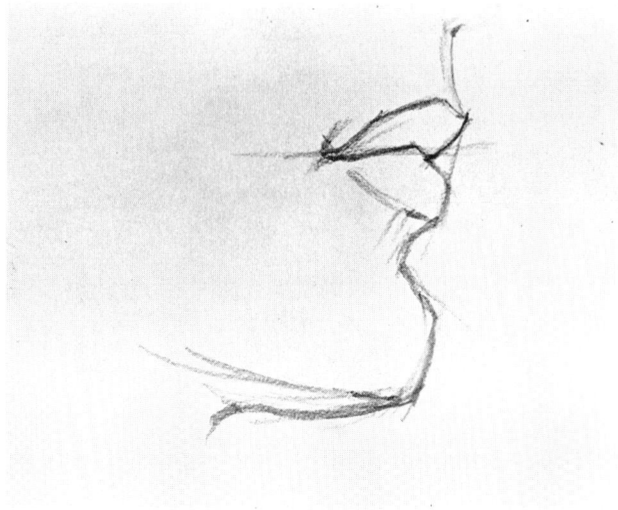

Schritt 2 Nun zeichnet John Lawn mit dunklen Linien sorgfältig die Form der Lippen über die Skizze aus Schritt 1. Sehen Sie, daß die Oberlippe vorne ein wenig schräg nach unten verläuft und die Unterlippe etwas überlappt? Die Unterlippe tritt ein wenig zurück und ist dicker als die Oberlippe. Der Künstler verstärkt in dieser Phase auch die Konturen des Kinns und betont den Schatten im Mundwinkel.

Schritt 3 In diesem Schritt werden große Flächen mit der Seite der Mine getönt. Sie erkennen ganz deutlich, daß die Oberlippe im Schatten liegt, weil sie nach unten, d. h. weg vom Licht, geneigt ist. Die Unterlippe ist blasser, weil sie mehr Licht abbekommt. Die Oberlippe wirft eine Andeutung von Schatten auf die Unterlippe, außerdem finden Sie einen schwachen Schatten an ihrem unteren Rand. Auf die Fläche zwischen Unterlippe und Kinn kann kein Licht fallen, sie ist also dunkel. Der Künstler vertieft den Schatten im Mundwinkel und beginnt, Kinn und Kiefer mit Tönen herauszumodellieren.

Schritt 4 Der Zeichner tönt die Oberlippe nach und verstärkt die dunkle Trennlinie zwischen den Lippen und die Mundwinkel. Er vertieft den Schatten unter der Unterlippe und ergänzt weitere Striche, um den Kiefer herauszuarbeiten, der dadurch runder und plastischer erscheint. Zum Schluß tönt er den vorderen Rand der Unterlippe dunkler, der im Schatten der Oberlippe liegt. Es ist recht interessant, sich das „Muster“ der Bleistiftstriche einmal genauer anzuschauen: sie ändern allmählich ihre Richtung und folgen den Rundungen von Mund, Kinn und Kiefer.

Schritt 1 Wenn das Modell den Kopf senkt oder wir etwas von oben darauf schauen, sieht der Mund ganz anders aus. Wir sehen mehr von der Unter- und weniger von der Oberlippe. Bei diesem Beispiel ist der Kopf noch ein wenig nach links gedreht, so daß auch mehr von der rechten Seite des Mundes zu sehen ist. Wie Sie es schon von den vorhergehenden Beispielen gewohnt sind, wird auch hier wieder die Form der Oberlippe und die Unterlippe mit ihren drei verschieden getönten Ebenen festgehalten – alles mit geraden und ganz einfachen Linien.

Schritt 2 Der Künstler zeichnet die Lippen jetzt mit sanft geschwungenen Linien und radiert vorsichtig die eckigeren Striche aus Schritt 1 aus. Sie sehen hier wieder die vorstehende Mitte der Oberlippe, die etwas über die Unterlippe herausragt. Die Mundwinkel sind ein wenig nach oben gezogen, so daß die Flügelform der Oberlippe eleganter aussieht. Der Künstler verstärkt auch die Linien von Kinn, Kiefer und der kleinen Rinne zwischen Mund und Nase.

Schritt 3 Der Zeichner tönt die Oberlippe noch einmal an ein paar Stellen dunkler. Die Oberlippe hat eigentlich eine Zickzackform, die zum Teil im Licht und zum Teil im Schatten liegt. Man sieht das am besten in der Mitte, wo die Fläche links hell und die Fläche rechts dunkel ist. Der Künstler betont den Schatten, so daß die Form weiter vorzustehen scheint. Außerdem verstärkt er die Linien zwischen den Lippen, tönt die Unterlippe nach, vertieft den Schatten auf der rechten Seite und an der Unterseite der Unterlippe, damit die Form runder wirkt. Jetzt werden auch die Töne bei Kiefer und Kinn angelegt.

Schritt 4 Wenn der Künstler noch einmal die Töne auf den Lippen nachdunkelt, wird ganz klar, daß das Licht von links kommt, da immer die rechte Seite der Formen im Schatten liegt. Diese rechten Seiten bekommen nun noch mehr Ton, und der Schatten zwischen Ober- und Unterlippe wird verstärkt. Auch die Mundwinkel werden etwas dunkler. Der Schatten an der Unterseite der Unterlippe wird vertieft. Mit dem Radiergummi werden die Glanzlichter auf der Unterlippe herausgearbeitet. Dann tönt der Künstler noch einmal den Schatten unterhalb der Unterlippe nach und modelliert die sanften Bögen von Kinn und Kiefer.

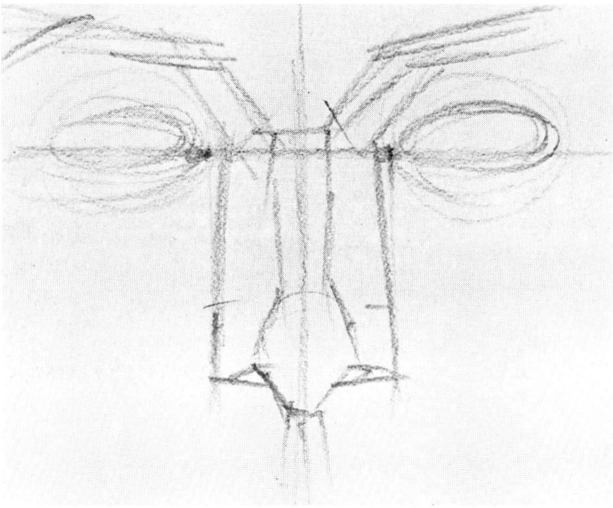

Schritt 1 In der Skizze werden zuerst einmal die Proportionen der Nase im Verhältnis zu den Augen festgehalten. Der Abstand zwischen den Augen beträgt im allgemeinen eine Augenlänge. Der Künstler zieht von den inneren Augenwinkeln aus senkrechte Hilfslinien, die die Breite der Nase angeben, die an der Wurzel etwa eine Augenlänge breit ist, ebenso wie an den Nasenflügeln. Betrachten Sie sich jetzt einmal die inneren Hilfslinien: die Diagonalen, die die Brauen mit der Nasenwurzel verbinden, die Senkrechten, die die Wurzel definieren, und die Diagonalen, die die Nasenspitze angeben. Die senkrechte Mittellinie hilft, symmetrisch zu zeichnen.

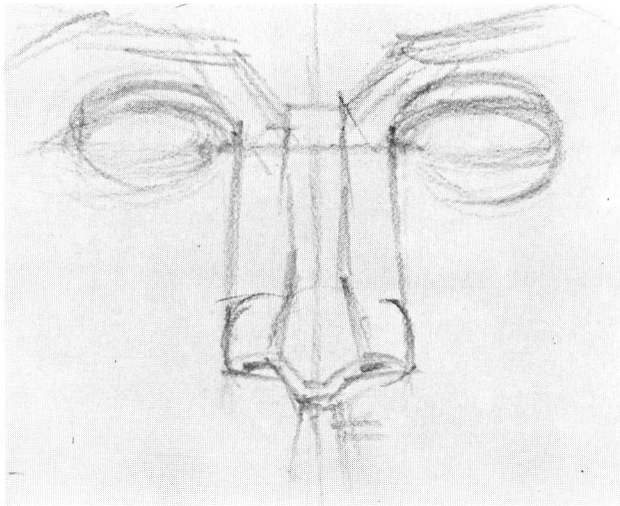

Schritt 2 Über den vertikalen Hilfslinien aus Schritt 1 zeichnet John Lawn jetzt geschwungene Linien, mit denen er Nasenflügel festlegt, und feste, gerade Linien, für die Nasenspitze. Dabei arbeitet der Künstler nicht nur allein an der Nase, sondern auch gleichzeitig an den anderen Gesichtszügen. Er zeichnet die Augen genauer, da die Nase in die Augenhöhlen übergeht, und deutet die Form der kleinen Rinne an, die von der Nase zur Oberlippe verläuft.

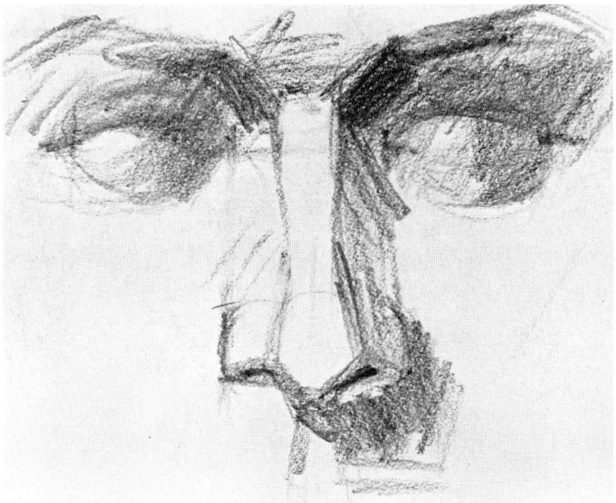

Schritt 3 Mit der Seite der Mine legt der Zeichner jetzt mit dicken Strichen die Töne an. Das Licht kommt von links, so daß die rechte Seite der Nase im Schatten liegt. Da der Nasenrücken in die Augenhöhlen übergeht, werden auch dort gleich die Töne angelegt. In der rechten Augenhöhle, über der Nasenwurzel, ist eine besonders dunkle Stelle. Die Nase wirft einen Schatten auf die rechte Seite der Oberlippe. Der Künstler radiert jetzt die Hilfslinien aus Schritt 1 aus, ergänzt dunkle Töne an der Unterseite der Nase und tönt die Nasenlöcher nach.

Schritt 4 Jetzt werden die Konturen nachgezogen und die Töne weiter ausgearbeitet. Beachten Sie die feine Abstufung bei dem Schatten am Nasenflügel, an der Nasenspitze und den Nasenlöchern. Die Unterseite der Nase liegt im Schatten, aber es ist gerade so viel reflektiertes Licht vorhanden, daß die Formen gut zu erkennen sind. Der Schlagschatten unter der Nase wird nach unten hin heller. Weitere tiefe Schatten finden Sie in den Augenhöhlen, auf beiden Seiten der Nasenwurzel, darüber; am Brauenansatz liegt ein hellerer Schatten.

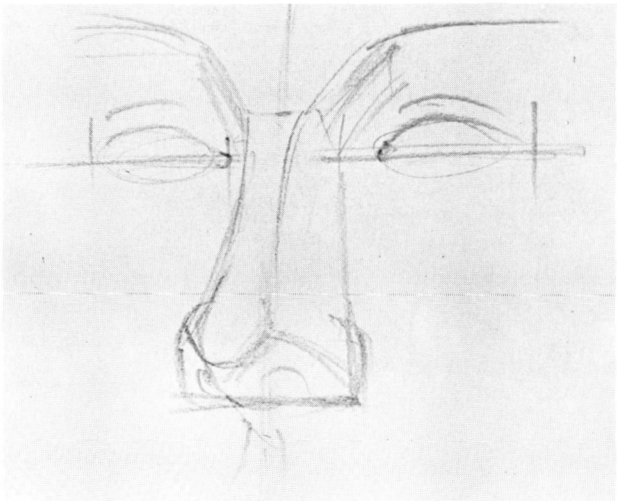

Schritt 1 Wenn der Kopf ins Halbprofil gedreht wird, wirkt die Nase nicht mehr symmetrisch, weil mehr von der einen Seite zu sehen ist. In dieser Zeichnung ist der Kopf auch noch ein bißchen erhoben, so daß man mehr von der Unterseite sieht. Der Künstler beginnt mit den Bögen der Brauen, die sich an den Augenhöhlen entlang zum Nasenrücken hinziehen. Nasenrücken und Nasenflügel werden mit vertikalen Linien angedeutet. Am unteren Ende ist die Nase etwa eine Augenlänge breit. Mit geschwungenen Linien entstehen die Nasenlöcher und die Nasenspitze, gleichzeitig werden die Augen gezeichnet.

Schritt 2 Der Künstler folgt den Hilfslinien aus Schritt 1 und überarbeitet die Formen von Nasenlöchern, Nasenspitze, der Unterseite der Nase und außerdem die Konturen der Augen und der Augenhöhlen, die in die Nasenflügel übergehen.

Schritt 3 Mit der Seite der Mine werden anschließend die Formen der Schatten mit großzügigen, unregelmäßigen Strichen festgelegt. Da das Licht von links kommt, liegt die rechte Nasenseite im Schatten, ebenso wie die Unterseite, die noch einen schrägen Schlagschatten nach unten wirft. Der Zeichner beginnt nun, die Augenhöhlen herauszumodellieren, denn ihre Form ist untrennbar von der Gestaltung der Nase. Schon jetzt kann man den Unterschied zwischen Halbton und Schatten an der Spitze und der Seite der Nase erkennen.

Schritt 4 Der Künstler vervollkommnet nun die Töne auf der Schattenseite und um die Spitze der Nase. Die Nasenflügel und die Nasenlöcher werden mit dunkleren Strichen und mit reflektiertem Licht klarer herausgearbeitet. Beachten Sie, daß die Nasenspitze, wie eine kleine Kugel, als Einzelform dargestellt ist. Der Zeichner tönt die Augenhöhlen in den Winkeln dunkler, damit der Nasenrücken deutlicher hervortritt. Er hat bereits die Hilfslinien aus Schritt 1 ausradiert und arbeitet gleichzeitig an der Nase und den übrigen Gesichtszügen.

Schritt 1 Wenn John Lawn die Nase im Profil zeichnet, hält er sich genau an die Hilfslinien, die die Lage der Augen und den unteren Abschluß der Nase angeben. Brauen und Augen entstehen zur gleichen Zeit, damit ein genauer Bezug zwischen den einzelnen Gesichtszügen gewährleistet ist. Das Auge liegt etwas über der Nasenwurzel in der konkaven Augenhöhle. Das hintere Ende der Kontur des Nasenloches liegt in etwa auf einer Linie mit dem vorderen Abschluß des oberen Augenlids. Die Nase selbst wird nur mit ein paar geraden Linien und einigen Bögen wiedergegeben.

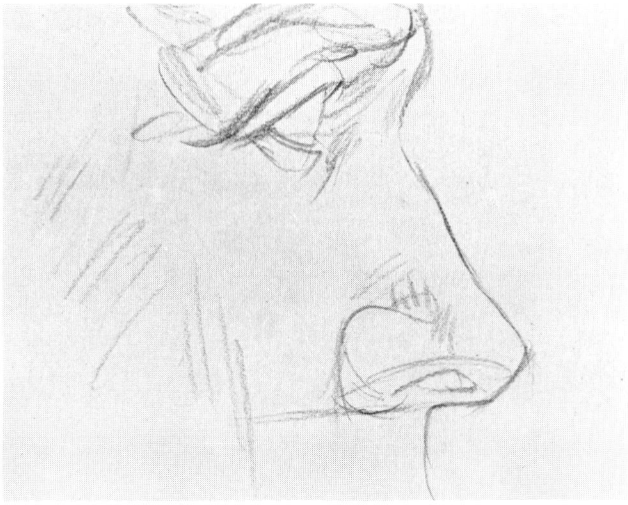

Schritt 2 Der Künstler zieht jetzt die Konturen genauer über den Hilfslinien aus Schritt 1 nach, die er dann zum großen Teil ausradiert. Nun kann man eine deutliche S-Kurve von der Nasenwurzel bis zur Spitze erkennen. Die Unterseite der Nase ist als separate Ebene klar definiert. Der Bogen der Nasenflügel wird sorgfältiger nachgezeichnet, ebenso der Bogen der Braue. Der Künstler arbeitet gleichzeitig an Augen und Nase. Wenige Striche lassen aus der Nasenspitze und dem Nasenloch einzelne Formen entstehen; diese Unterteilung wird wichtig, wenn in Schritt 3 und 4 die Töne ergänzt werden.

Schritt 3 Nun trägt John Lawn mit dicken Strichen mit der Seite der Mine die Töne auf. Das Licht kommt von links, also ist die Vorderseite der Nase beleuchtet, und der Nasenflügel liegt im Schatten. Auch die Unterseite der Nase und der hintere Teil des Nasenflügels liegen im Dunkeln, während die Vorderseite des Nasenflügels Licht abbekommt. Beachten Sie, wie ein Schattenstreifen nun die Nasenspitze vom Nasenflügel trennt. Ein dunkler Schatten liegt in der Augenhöhle.

Schritt 4 Wenn der Künstler nun die dunklen Töne vertieft, können Sie auf der Unterseite der Nase und am Nasenflügel eine deutliche Unterscheidung zwischen Licht, Halbton und Schatten machen. Der Zeichner tönt den Schatten bei der Augenhöhle und bei dem Nasenloch dunkler. Anschließend gibt er die Konturen von Braue, Nase und Oberlippe mit der Spitze eines gut gespitzten Bleistiftes genauer wieder. Beachten Sie die Andeutung von Schatten, dort wo die Braue sich nach unten, weg vom Licht, zieht. Schauen Sie sich auch noch einmal sorgfältig an, wie die schrägen Bleistiftstriche die Plastizität der Formen unterstreichen.

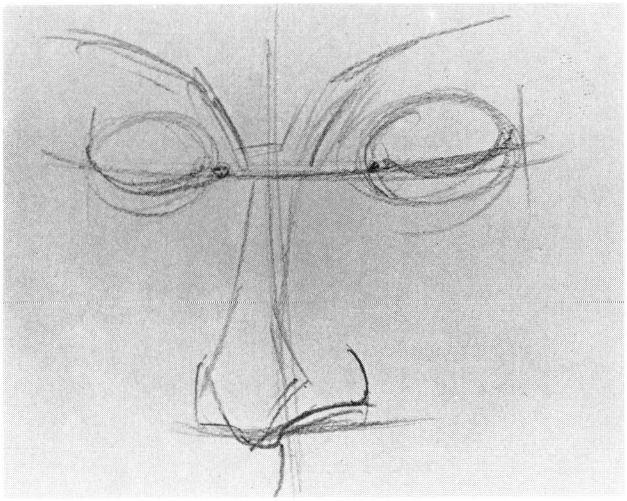

Schritt 1 Bei diesem Beispiel ist der Kopf etwas gesenkt, so daß man sehr wenig von der Unterseite der Nase zu sehen bekommt. Außerdem dreht das Modell den Kopf etwas nach links, und man sieht mehr vom rechten Nasenflügel als vom linken. Bei dieser ersten Skizze betrachtet der Künstler die Nasenspitze als eine Art Raute. Die Unterseiten der Nasenflügel sind kleine Bögen, die äußeren Konturen liegen immer noch etwa auf einer Linie mit den inneren Augenwinkeln.

Schritt 2 Der Künstler arbeitet die Rundung der unteren Nasenflügel sorgfältiger heraus, wobei von der linken Seite sehr wenig zu erkennen ist. Da wir von oben auf die Nasenspitze schauen, scheint sie etwas nach unten geneigt. Lawn zeichnet noch einmal den Nasenrücken nach, der sich über der Nasenwurzel, gerade über den Augen, ein wenig verbreitert. Er arbeitet gleichzeitig an Augen und Nase. Da der Kopf gebeugt ist, sieht man sehr viel von den Oberlidern.

Schritt 3 Das Licht fällt von rechts ins Bild, so daß die dunklen Seiten der Formen links liegen. So befindet sich z. B. der linke Nasenflügel im Schatten, ebenso wie die Unterseite der Nase, die einen Schlagschatten schräg auf die Oberlippe wirft. Der Zeichner arbeitet die innere Kontur der Augenhöhlen, die die Nasenwurzel bilden, sehr sorgfältig heraus. Sehen Sie sich dazu besonders genau den dunklen Bogen bei der linken Augenhöhle an, der sich an der Nasenwurzel entlangzieht.

Schritt 4 Der Künstler verstärkt noch einmal die inneren Bögen der Augenhöhlen, so daß der Nasenrücken plastischer wirkt. Der Schatten neben der Nase wird vertieft, und nun können Sie schon die klare Abstufung von Licht, Halbton und Schatten erkennen. Die Nasenspitze sieht wieder aus wie eine kleine Kugel. Der rechte Nasenflügel wird als eigene Form herausgearbeitet, die von Schatten umgeben ist. Mit dem frisch gespitzten Bleistift werden dann noch die Konturen bei der Unterseite der Nase verstärkt. Rechts neben dem hellen Nasenflügel deutet ein Hauch von Ton die Wange an.

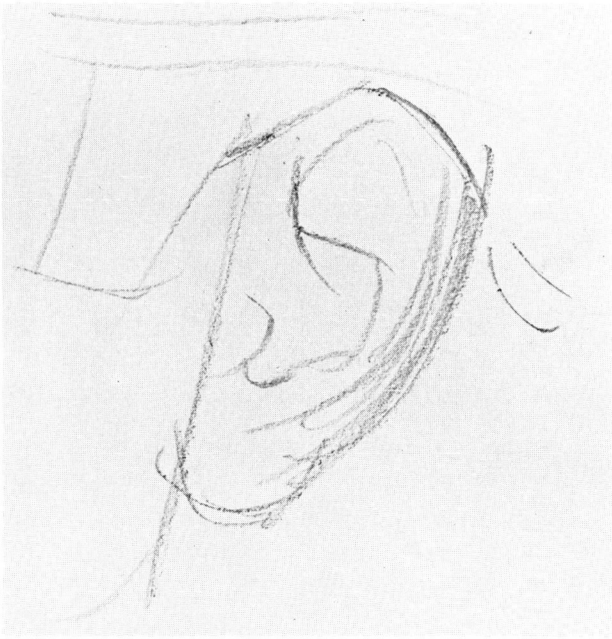

Schritt 1 John Lawn zeichnet zuerst einmal eine diagonale Hilfslinie vom Kiefer aufwärts, auf der der Ohransatz liegt. Die Oberseite der Ohrmuschel gibt er mit zwei eckigen Linien an und zeichnet dann den Umriß des Ohres mit einem großen, den des Ohrläppchens mit einem kleinen Bogen. Anschließend arbeitet er das Innere des Ohres sorgfältig mit kurzen, geschwungenen Strichen heraus.

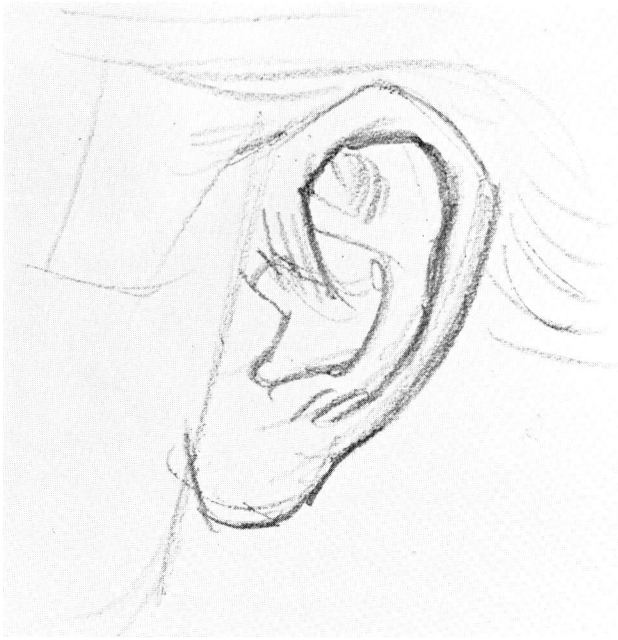

Schritt 2 Über die Skizze aus Schritt 1 zeichnet der Künstler nun die Konturen des Ohres mit dunkleren und präziseren Linien. Eine dunkle innere Linie legt die Krümmung des Ohrrandes fest, der in der Vertiefung im Mittelohr endet. Auch das Innere des Ohres wird jetzt genauer gezeichnet.

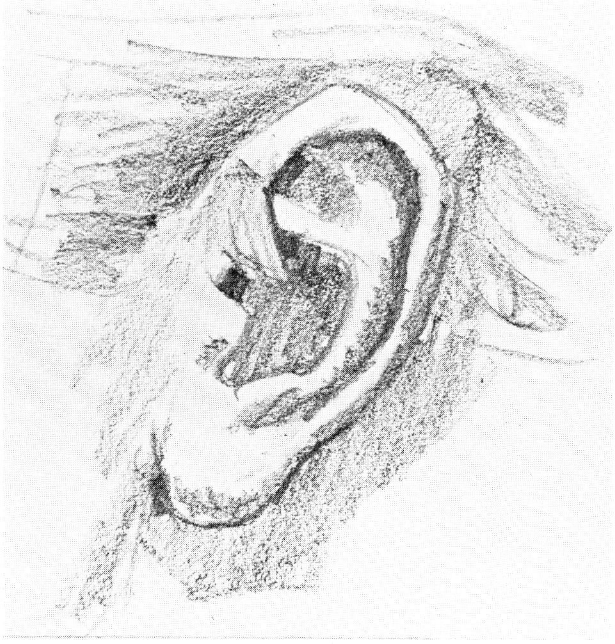

Schritt 3 John Lawn ergänzt nun die schattigen Stellen innerhalb des Ohres, die an der Innenseite des Randes am dunkelsten sind. Auch um Ohr und Ohrläppchen herum kommen dunkle Töne hinzu, damit die Form plastisch wirkt. Dann wird das Haar ergänzt, und der Künstler beginnt, Wange und Kiefer herauszumodellieren. Beachten Sie die kleine dunkle Stelle am Ansatz des Ohrläppchens.

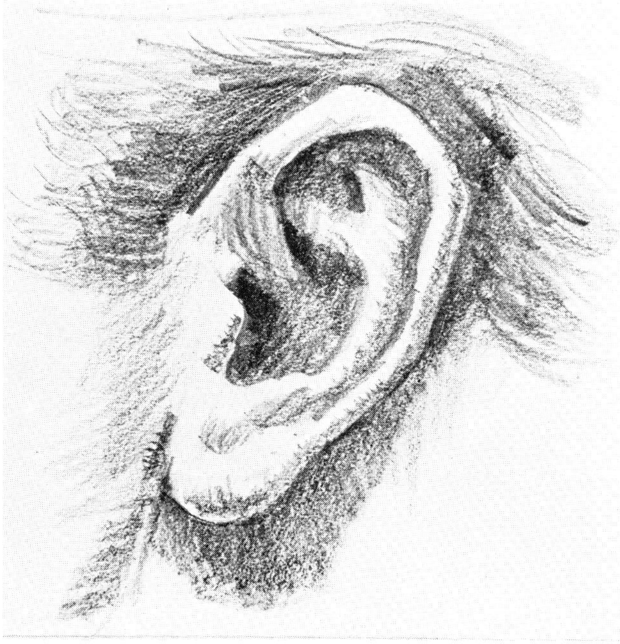

Schritt 4 Die Schatten innerhalb des Ohrs werden jetzt mit kräftigen Strichen vertieft. Kleine Parallelen verstärken die dunklen Töne um den Rand des Ohres; mit dem Radiergummi werden die hellen Stellen aufgehellt. Das Ohr wirft einen Schlagschatten auf den Hals. Als letztes vervollständigt der Zeichner das Haar, so daß sich die gerundeten Formen des Ohres besser abheben.

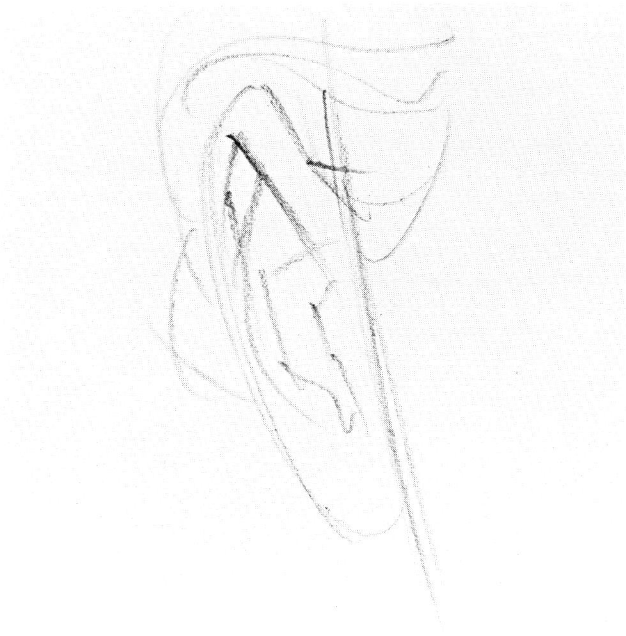

Schritt 1 Wenn das Modell den Zeichner anschaut, ist vom Ohr nur wenig zu sehen. Lawn zeichnet hier zuerst einmal die Kontur von Wange und Kiefer, an der das Ohr angesetzt ist. Dann legt er den Umriß des Ohres mit ein paar geraden Linien und Bögen fest und zeichnet das Innere mit kurzen Strichen. Anschließend wird noch das Haar um das Ohr herum angedeutet.

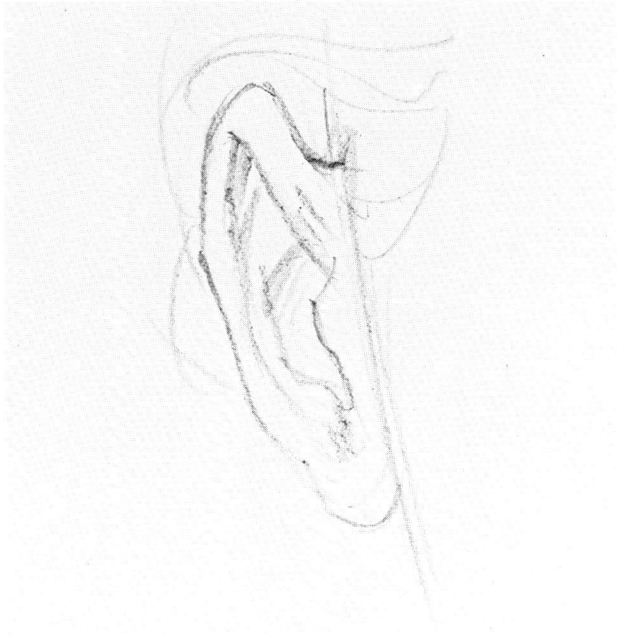

Schritt 2 In Schritt 1 wurde das Ohr ganz stark vereinfacht dargestellt. Jetzt werden über dieser ersten Skizze die Formen präziser festgehalten. Lawn zeichnet die lebensgetreuen Kurven und Winkel über den Hilfslinien, die er anschließend ausradiert.

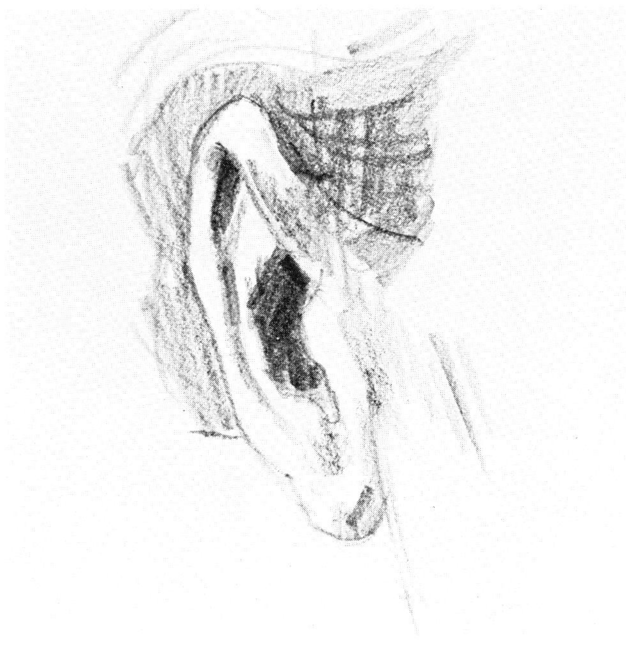

Schritt 3 Mit der Seite des Bleistifts zeichnet der Künstler jetzt den großen Schatten hinter dem Ohr und den schmalen Schatten, der an der Innenseite des Randes verläuft. Er beginnt das Ohrläppchen und den Ohransatz herauszuarbeiten. Dann wird der Ton des Haares aufgetragen, damit der helle Rand des Ohres stärker hervortritt.

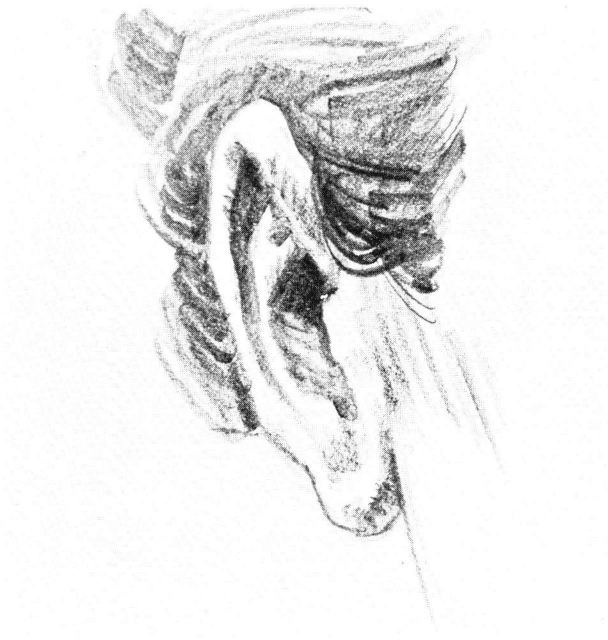

Schritt 4 Wieder mit der Seite der Mine werden die Töne innerhalb des Ohres vertieft. Mit dem Radierer wird der untere Teil des großen Schattens im Ohrinneren aufgehellt. Am Ohrläppchen und am Rand kommen noch ein paar dunklere Stellen hinzu. Die Haare werden ausgearbeitet, so daß das Ohr sich besser vor dem dunklen Hintergrund abhebt. Von diesem Blickwinkel aus sieht man nur Details des Ohres.

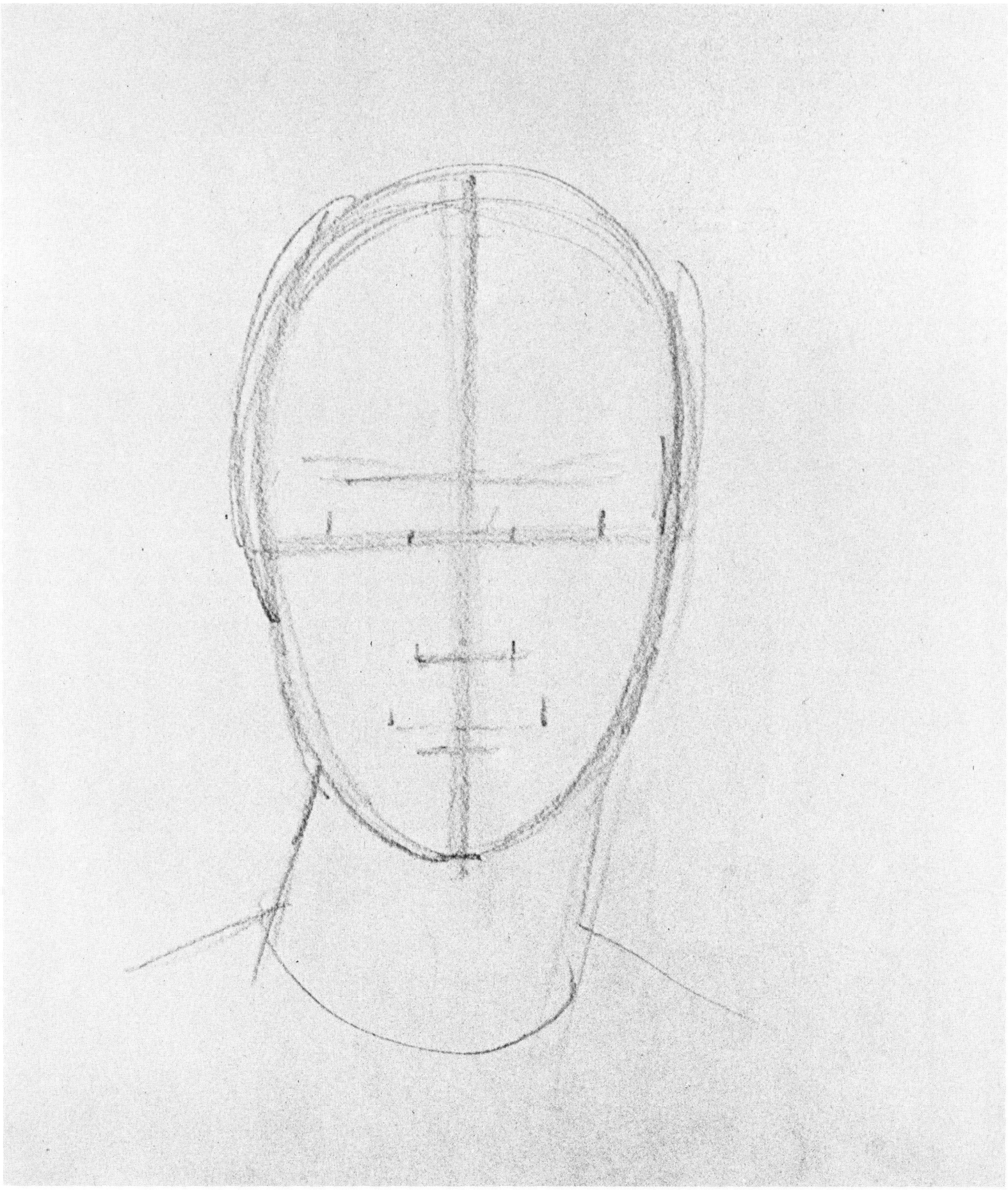

Schritt 1 Damit Sie sehen, wie man all das, was Sie bisher gelernt haben, kombinieren kann, zeichnet John Lawn jetzt einen vollständigen Kopf für Sie. Er beginnt mit der üblichen Eiform und betrachtet den Hals als einen schrägen Zylinder. Damit die Zeichnung symmetrisch wird, zieht der Künstler eine senkrechte Mittellinie. Er ergänzt waagerechte Hilfslinien für Brauen, Augen, Nase und Mund. Die Augenlinie wird in fünf Abschnitte aufgeteilt: aus zweien davon entstehen die Augen, aber auch der Augenabstand und die Entfernung vom Auge bis zur Seite des Kopfes beträgt eine Augenlänge. Die Nasenwurzel ist so breit wie ein Auge, die Breite des Mundes entspricht zwei Augenlängen.

Schritt 2 Die erste vereinfachte Skizze der Gesichtszüge wird direkt über die Hilfslinien aus Schritt 1 gearbeitet. Der Künstler zeichnet das Kinn etwas kantiger, ergänzt die Ohren, deren oberer und unterer Rand auf einer Höhe mit den Augen bzw. mit der Nase liegen, und deutet die Frisur an, die über die Umrisse der Eiform hinausgeht. Er zeichnet die Augenlider und ergänzt die Iris. Als nächstes werden Nasenrücken, Nasenflügel und -spitze skizziert. Dann zeichnet Lawn die geschwungene Oberlippe und den Bogen der volleren Unterlippe. Der Kragen schmiegt sich an den Zylinder des Halses.

Schritt 3 Der Künstler arbeitet jetzt mit der Seite des Stiftes und beginnt, die Töne mit kräftigen Parallelen anzulegen. Das Licht kommt von links, so daß die Schatten auf der – vom Betrachter aus gesehen – rechten Gesichtshälfte liegen. Die getönten Flächen verlaufen von der Seite der Stirn über Wange, Kiefer und Kinn bis zum Hals. Der Zeichner ergänzt jetzt die erste Tönung bei Augenhöhlen, Iris und Pupillen und legt dann die Schatten bei Lippen und Nase an. Wie immer, so ist auch hier die Oberlippe dunkler als die Unterlippe, unter der noch ein Schatten liegt. Bei den Ohren kommen ein paar getönte Stellen hinzu. Das Haar wird als eine Fläche betrachtet, die auf einer Seite heller ist als auf der anderen.

Schritt 4 Lawn vervollständigt die Zeichnung, indem er die Töne mit der Seite des Stiftes vertieft und Konturen und Details mit der Bleistiftspitze noch einmal nachzieht. Auf der Schattenseite des Gesichts erkennen Sie jetzt klare Unterschiede zwischen Licht, Halbton, Schatten und reflektiertem Licht. Auf der hellen Gesichtshälfte ergänzt er ein klein wenig Ton bei Wange und Kiefer. Er tönt die Augenhöhlen, die Unterseite von Nase und Nasenflügeln nach, ebenso wie die Lippen, die dunklen Stellen innerhalb der Ohren und den Schatten unter dem Kinn. Mit der Bleistiftspitze verstärkt er die Konturen der Ohren, betont Details bei Augen und Brauen, zeichnet die Nasenflügel genauer und ergänzt Einzelheiten beim Kragen. Das Haar wird mit breiten Strichen mit der Seite der Mine vervollständigt.

Schritt 1 Bei einem Kopf im Halbprofil geht man genauso vor wie beim vorigen Beispiel, allerdings haben Sie jetzt als Grundform ein stehendes Ei, das in einem liegenden Ei steckt. Auch die Mittellinie verschiebt sich, wenn der Kopf gedreht wird. Die horizontalen Hilfslinien liegen noch an derselben Stelle. Über der Augenlinie deutet der Künstler die Augen mit ein paar Strichen mit der Bleistiftspitze an. Auch die Nasenflügel werden jetzt schon skizziert. Der Hals besteht wieder aus einem etwas geneigten Zylinder. Der Hinterkopf ragt beträchtlich über die Nackenlinie hinaus.

Schritt 2 John Lawn überarbeitet nun die Skizze, zeichnet die Konturen genauer und ergänzt die eckigeren Einzelheiten bei Brauen, Wange, Kinn und Kiefer. Die Gesichtszüge liegen alle auf den Hilfslinien. Obwohl der Kopf ins Halbprofil gedreht ist, liegt das Ohr immer noch auf derselben Linie mit Brauen und Nase. Nasenspitze und Nasenflügel sind als Einzelformen herausmodelliert. Die Augenlider werden schon recht genau gezeichnet, ebenso wie die dunklen Punkte innerhalb der Augen. Die Oberlippe ist wieder weich geschwungen, die Unterlippe dagegen ist eckiger, maskuliner. Das Haar geht über die Konturen der Eiform hinaus.

Schritt 3 Der Künstler legt die Töne mit großzügigen Strichen an. Er beginnt dabei mit den großen Schatten an der Seite von Braue, Wange, Kiefer und Kinn. Anschließend überarbeitet er Augenhöhlen, Lider, Nase und Lippen. Die Nase wirft einen Schatten nach schräg rechts unten. Wie üblich liegt die Oberlippe im Schatten und die Unterlippe im Licht, und unter ihr ist ein tiefer Schatten zu sehen.

Schritt 4 John Lawn vervollkommnet die Zeichnung, indem er die dunklen Töne bei Gesicht und Gesichtszügen weiter ausarbeitet. Man erkennt jetzt deutlich Licht, Halbtöne, Schatten und reflektiertes Licht. Mit der Spitze des Bleistifts verstärkt er noch ein paar Linien und ergänzt Details.

Feine Striche Mit einem gut gespitzten Bleistift können Sie die Töne in Ihrer Zeichnung mit feinen Parallelen anlegen. Bei Halbtönen und reflektiertem Licht müssen die Striche etwas blasser ausfallen, also darf man den Stift nicht so fest auf das Papier drücken. Die dunkleren Schatten bestehen aus kräftigeren Linien, der Künstler hat mit mehr Druck gearbeitet. Bei den Schatten liegen die Striche dichter beieinander, bei Halbtönen und reflektiertem Licht dagegen sind die Abstände größer. Beachten Sie, wie sich die Richtung der Striche ändert, um die Rundung der Wange hervorzuheben.

Kräftige Striche Hier ist dasselbe Modell noch einmal mit viel kräftigeren Strichen gezeichnet. Der Künstler hält den Stift schräg, so daß die Seite der Mine das Papier berührt. Außerdem drückt er fester auf, damit die Striche dunkler werden; sie liegen auch hier dichter nebeneinander als die helleren Striche. Der Stift wird diagonal mit einer leichten Kurve über das Papier geführt, um die Rundung der Wange zu betonen. Bei dem kantigen Kinn verlaufen die Striche senkrecht. Bei Kiefer und Kinn liegen sie dann wieder schräg.

Striche auf Ingrespapier Die gerippte Oberfläche von Ingrespapier eignet sich ebenso für Kohlezeichnungen wie für die Arbeit mit dem Bleistift. Die feine Körnung verbindet sich mit den Bleistiftstrichen zu einer lebhaften Textur. Bei diesem Ausschnitt aus einem Frauenporträt wurden die dicken und dünnen Striche beim Haar durch die Textur des Papiers weicher: auch bei den dunkelsten Tönen scheint das weiße Papier noch ein bißchen durch und verleiht so den Strichen eine innere Spannung und Leuchtkraft. Die kleinen weißen Fleckchen lassen auch die Töne um die Augen weicher und transparenter erscheinen.

Striche auf rauhem Papier Sie sollten auch einmal andere Papiersorten ausprobieren, die zum Teil viel rauher und ungleichmäßiger gekörnt sind als Ingrespapier. Bei diesem Porträt von demselben Modell hat der Künstler mit einem dicken Graphitstäbchen in einem Plastikhalter gearbeitet und extrem rauhes Papier verwendet. Die Dicke der Mine und die unregelmäßige Papieroberfläche lassen die Striche kräftig und ungleichmäßig wirken. Das Graphitstäbchen hinterläßt körnige Striche, bei denen das Papier an größeren Stellen hervortritt. Die Striche sind ungenauer als die vorigen auf dem Ingrespapier, aber sie wirken dynamischer.

Modellieren mit Strichen Das Gesicht dieser Frau wurde mit feinen Strichen herausmodelliert, die sich sorgfältig um die Formen legen. Schauen Sie sich als Beispiel doch einmal die beiden dunklen Stellen unter der rechten Braue an: Sie bestehen aus schrägen Strichen, die so verlaufen, daß sie die Rundung der Form unterstreichen. Beachten Sie auch die Striche, die die Wange auf der schattigen Gesichtshälfte modellieren. Bei den blassen Halbtönen unter dem Auge wurden feine Diagonalen verwendet. Wo sich die Wange vom Licht abwendet, sind auch die Striche dunkler und gebogen.

Modellieren durch Verwischen Eine andere Möglichkeit, Töne wiederzugeben, besteht darin, die Striche des Bleistifts oder der Graphitmine mit dem Finger oder einem Estompe zu verwischen. Schauen Sie sich jetzt einmal diese Zeichnung von demselben Modell genauer an. Der Künstler hat mit kräftigen, großzügigen Strichen begonnen – nicht so sorgfältig und fein wie beim vorigen Beispiel – und hat diese Striche dann zu sanften, samtigen Tönen verwischt. Dabei verschwinden die Striche nicht vollständig, aber sie verbinden sich zu rauchigen Flächen, die eine gewisse Ähnlichkeit mit Farbflecken haben.

Gleichmäßige Töne auf Ingrespapier Eine weitere Möglichkeit, Töne auf Ingrespapier anzulegen, besteht darin, die Seite der Mine so über das Papier gleiten zu lassen, als würde man sie auf einem Stück Sandpapier zurechtschleifen. Die Körnung des Papiers schabt langsam winzige Graphitkörnchen von der Mine, die sich dann anhäufen und die Töne entstehen lassen. Je öfter und je fester Sie mit der Mine über das Papier reiben, desto dunkler wird der Ton. Bei den zarten Tönungen läßt der Zeichner den Stift nur ein- oder zweimal ganz leicht über das Papier gleiten. Bei dunkleren Stellen drückt er fester auf und führt die Mine mehrmals über dieselbe Stelle.

Gleichmäßige Töne auf rauhem Papier Mit rauhem Papier können Sie genauso umgehen. Die kräftigere Textur schleift den Graphitstaub – wie Sandpapier – leichter ab und läßt unregelmäßige Töne entstehen. Auch hier drückt der Künstler den Stift fester auf das Papier und führt ihn öfter hin und her, wenn er die Schatten arbeitet, und läßt die Mine ein- oder zweimal ganz leicht über die Papieroberfläche gleiten, wenn er blasse Töne erzielen will. Er arbeitet dabei mit einem dicken, weichen Bleistift oder einem Graphitstäbchen mit Halter.

Schritt 1 Wenn Sie zum ersten Mal ein Porträt mit dem Bleistift zeichnen, probieren Sie am besten einmal aus, was man mit einer Kombination von feinen Linien und dicken Strichen auf gewöhnlichem Zeichenpapier alles anfangen kann. Mit der Spitze des Stiftes legen Sie zuerst einmal die Konturen mit feinen Linien fest. Dann verwenden Sie die Seite der Mine, um die Töne mit Strichen verschiedener Dicke anzulegen. John Lawn beginnt hier mit der üblichen Eiform, über die er dann die Mittellinie und vier horizontale Hilfslinien legt, die die Lage der Gesichtszüge angeben. Über diesen Konstruktionslinien werden anschließend Brauen, Augen, Nase und Mund gezeichnet. Der Hals ist ein schräger Zylinder, auf dem der Kragen mit ein paar geschwungenen Linien rasch angedeutet wird. Ein paar weitere Striche skizzieren die Frisur, die über die Konturen der Eiform hinausragt. Bisher arbeitet der Künstler mit einem spitzen HB-Stift.

Schritt 2 Der Zeichner benutzt jetzt einen 2B-Stift und hält ihn so schräg, daß die Seite der Mine dicke Striche hinterläßt. Er arbeitet rasch und legt die großen getönten Flächen mit großzügigen Parallelen an. Das Licht kommt von rechts, und so deutet Lawn die Schatten auf der – vom Betrachter aus gesehen – linken Seite von Brauen, Wange, Kiefer und Hals an und fügt ein wenig Ton links an der Nase und bei Augen und Lippen hinzu. Das Haar wird nur mit ein paar großen Flächen angegeben, einzelne Strähnen oder Locken werden nicht berücksichtigt. Zum Schluß kritzelt er einen Schatten an der Außenseite des Kragens und ein dunkles Dreieck an der Innenseite. In diesem Schritt sollen nur die verschiedenen Zonen von Licht und Schatten festgelegt werden. Bisher gibt es noch keine verschiedenen Schattierungen, keinen Unterschied zwischen Halbton, Schatten und reflektiertem Licht.

Schritt 3 Lawn arbeitet immer noch mit der Seite des 2B-Stiftes und beginnt jetzt, die Töne an bestimmten Stellen zu vertiefen, z. B. an den Schatten bei Brauen und Wange und um Augen, Nase und Mund sowie beim Hals. Wie immer liegt auch hier wieder die Oberlippe im Dunkeln, und unter der Unterlippe befindet sich ein Schatten. Die Nasenspitze wirft einen kleinen Schatten nach unten auf den Mundwinkel zu. Der Künstler vertieft auch die Schatten auf dem Haar und beim Kragen und beginnt dann, die Graduierung innerhalb der Töne herauszuarbeiten, so daß man jetzt Licht, Halbton, Schatten und reflektiertes Licht unterscheiden kann. Beachten Sie den blassen Rand des Kiefers, wo der Schatten heller wird. Bisher wird wenig Wert auf Details gelegt, aber Augenwinkel, Nasenflügel und Mund werden schon recht genau gezeichnet.

Schritt 4 Nachdem in Schritt 2 und 3 die grobe Verteilung der Töne festgelegt wurde, befaßt sich der Künstler nun intensiv mit den Gesichtszügen. Er arbeitet mit dem 2B-Stift, verstärkt Brauen und Augen und zieht mit der Spitze die Linien bei den Augenlidern nach. Anschließend vertieft er die Schatten an der Seite der Nase und um die Nasenspitze herum. Er tönt die Oberlippe dunkler, verstärkt den Schatten unter der Unterlippe und die dunkle Linie zwischen Ober- und Unterlippe. Mit dem Radiergummi legt er auf einem schmalen Streifen das weiße Papier frei, um die Zähne und die helle Stelle auf der Mitte der Unterlippe anzudeuten. Der Künstler zeichnet das dunkle Innere des Ohres und präzisiert dann seine Kontur. Mit der Spitze des Bleistiftes wird dann der rechte Umriß des Gesichts nachgezogen, überflüssige Linien werden mit dem Radierer entfernt. Anschließend überarbeitet er das Haar, besonders dort, wo es über die Braue fällt, und hellt es auf der Oberseite des Kopfes auf, indem er die Striche aus Schritt 3 ausradiert. Als nächstes werden die Schatten bei Kragen und Schulter angelegt.

Schritt 5 Lawn betont weiterhin Details und vertieft die Töne. Mit der Bleistiftspitze überarbeitet er Brauen und Lider, ergänzt die Pupillen und deutet Wimpern an. Mit Bündeln von kurzen, feinen Linien legt er die Töne in den Augenhöhlen und am Nasenflügel an und verstärkt die Konturen von Nase und Nasenflügel. Er präzisiert die Form der Lippen und tönt sie mit feinen, geschwungenen Strichen dunkler. Mit derselben Art von Strichen übergeht er die Schatten auf der Seite des Gesichts, um die Abstufungen deutlicher hervorzuheben; er vertieft den Ton am Kinn und verstärkt den Schatten auf dem Hals. Es ist ganz interessant zu beobachten, wie sich die Bleistiftstriche verändert haben. In Schritt 2, 3 und 4 zeichnete der Künstler mit dicken Strichen, jetzt in Schritt 5 überarbeitet er diese Flächen noch einmal mit feineren, dünneren Linien, um die Töne zu vervollkommnen.

Schritt 6 In dieser Phase konzentriert sich Lawn hauptsächlich auf die Details. Er verstärkt die Konturen der Augen, betont Iris und Pupillen, arbeitet mit dem Radierer winzige Glanzlichter heraus und ergänzt weitere Wimpern. Mit ein paar zusätzlichen Strichen deutet er einzelne Haare bei den Brauen an. Am Nasenflügel vertieft er den Schatten mit feinen Linien und verstärkt dann die Töne um die Nasenspitze herum, wodurch der untere Nasenflügel und der Schlagschatten noch deutlicher hervortreten. Er tönt die Lippen dunkler und zieht die Konturen nach, wobei er besonders sorgfältig auf den Schattenstreifen zwischen Ober- und Unterlippe achtet. Mit feinen, geschwungenen Linien verlängert er den Halbton auf dem Kiefer nach oben hin über die Wange. Dann nimmt er einen frisch gespitzten HB-Stift zur Hand und überarbeitet das Haar, bei dem er mit energischen Strichen einzelne Strähnen andeutet.

Schritt 7 Mit der Seite des 2B-Stiftes werden jetzt mit kräftigen, breiten Strichen die Töne vertieft. Bündel von dicken Strichen werden über das Haar gelegt, um die Schatten zu verstärken; die Striche sind dabei so deutlich erkennbar, daß sie die Textur des Haares wiedergeben können. Mit der Bleistiftspitze betont Lawn anschließend die Konturen der Augen, vertieft die Töne bei Nasenflügel und Lippen und ergänzt weitere Haare bei Augenbrauen und Wimpern. Die Pupillen werden jetzt ebenso dunkler wie die Schatten unter den Oberlidern. Ganz zum Schluß werden mit dem Knetgummi noch die hellen Flächen gereinigt.

Schritt 1 Versuchen Sie sich doch jetzt einmal an einem Porträt, das im wesentlichen aus kräftigen, dicken Strichen besteht. Verwenden Sie dazu einen dicken, weichen Bleistift oder einen Halter mit einem Graphitstäbchen. In diesem ersten Schritt zeichnet der Künstler zuerst einmal den Kopf; er besteht aus zwei ineinandergesteckten Eiformen, einer stehenden und einer liegenden. Zwei Striche genügen, um den Hals als geneigten Zylinder festzuhalten. John Lawn arbeitet mit der Spitze der dicken Graphitmine.

Schritt 2 Wieder mit der Spitze der Mine zeichnet Lawn jetzt den Umriß des Gesichts über die Hilfslinien aus Schritt 1. Er beginnt mit dem Profil: Braue, Nase, Mund und Kinn. Anschließend skizziert er Braue, Auge, Nasenflügel, Lippen, Ohr und Kiefer. Mit zwei Linien deutet er den Adamsapfel an und ergänzt dann das Haar, wobei die deutlich sichtbaren Eiformen verschwinden. Beachten Sie, daß das Ohr auf einer Linie mit dem Auge und auf der Unterseite mit der Nase liegt, die Ecke des Kieferknochens liegt auf einer Höhe mit dem Mund.

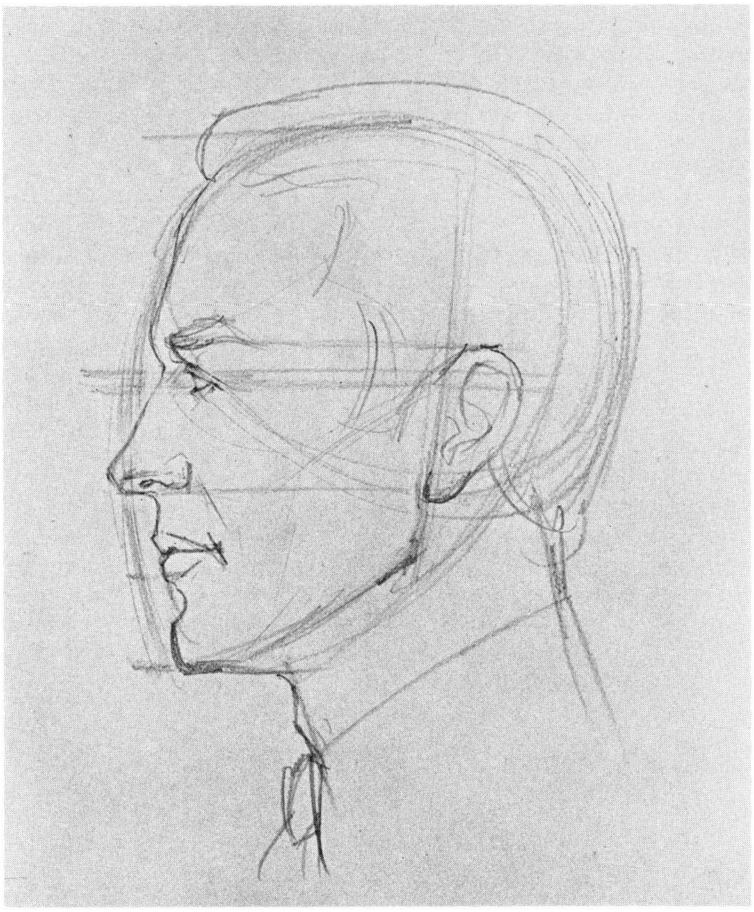

Schritt 3 Nun verfeinert der Künstler mit der Spitze des Bleistifts sorgfältig die Konturen aus Schritt 2. Das Modell hat ein kantiges, knochiges Gesicht, das John Lawn naturgetreu wiedergibt. Er zeichnet den Bogen in der Stirn, die buschige Braue, die deutliche S-Kurve der Nase, die Lippen und das eckige Kinn. Anschließend arbeitet er sehr genau Braue, Auge, Nasenflügel, Mund und Ohr heraus. Mit ein paar Linien werden der Haaransatz und die Kontur der Haare angedeutet. Beachten Sie auch die Details innerhalb der Fläche der Haare.

Schritt 4 Mit einem normalen Radiergummi entfernt Lawn nun die meisten Hilfslinien aus den vorangegangenen Schritten. Jetzt sind Profil und Gesichtszüge klarer zu erkennen, und man kann beginnen, die Töne aufzutragen. Der Künstler hält den dicken Stift schräg und legt die Töne um Auge und Nase an, den Schlagschatten unter der Nase, den dunklen Ton auf der Oberlippe und den Schatten unter der Unterlippe. Mit dicken, großzügigen Strichen werden der Schatten unter dem Kiefer und die Schattenstellen, die von der Wange bis zum Kiefer hinunterlaufen, gezeichnet. Weitere dunkle Stellen kommen auf dem Haar, im Ohr und unter dem Ohr und am Nacken hinzu. Bisher sind die Töne noch recht blaß, aber in diesem vierten Schritt sollte ja auch lediglich die grobe Verteilung von Licht und Schatten festgelegt werden.

Schritt 5 Der Künstler arbeitet jetzt die Abstufungen innerhalb der Töne heraus. Er dunkelt Augenbraue und Augenhöhle nach und überarbeitet dann noch einmal Nase und Lippen. Er verstärkt den Nasenflügel und den Schatten darunter und betont die Oberlippe. Außerdem werden die Töne im Ohr und um das Ohr herum vertieft. Dann beschäftigt sich Lawn mit den großen Flächen im Gesicht und tönt die Schatten auf Wange, Kiefer, Hals und Haar nach. Mit der Spitze des Bleistifts zeichnet er die Konturen des Ohrs und den Haaransatz noch einmal nach.

Schritt 6 Wenn der Künstler die Töne weiter überarbeitet, treten die dicken Striche, die die Seite der Mine hinterläßt, deutlicher hervor. Schauen Sie sich einmal die kurzen, energischen Striche an, die die Augenhöhle, den Nasenflügel und den Mundwinkel modellieren und mit denen der Schatten gezeichnet ist, der sich von der Wange zum Kiefer erstreckt. Lawn tönt die Unterseite des Kiefers mit dicken Strichen nach, die seine knochige, kantige Form betonen. Auch das Haar bekommt mit kräftigen Strichen Struktur und Details. Mit der Spitze des Bleistifts werden dann die Konturen präzisiert. Der Künstler verstärkt die Augenlider und die Braue und ergänzt ein paar kleine Linien bei Nasenflügel, Lippen und Ohr. Beachten Sie die dunklen Akzente bei der Unterseite des Nasenflügels, beim Mundwinkel, zwischen den Lippen und am inneren Rand des Ohres.

Schritt 7 Nun wird das ganze Porträt noch einmal überarbeitet. Der Künstler ergänzt Bündel von Parallelen, die die Töne bei Braue, Wange, Kiefer und Hals lebendiger wirken lassen. Mit weiteren Strichen werden Augenhöhle, Nase, Lippe und Ohr dunkler getönt und besser modelliert. Mit der Spitze des Bleistifts werden sorgfältig die Konturen des Profils nachgezogen und Augenlider, Nasenflügel, Lippen und Ohr präzisiert. Anschließend verwendet der Künstler die Seite der Mine, um mit dicken Strichen noch ein wenig Ton auf dem weißen Papier neben der Braue aufzutragen und so das Licht auf der Stirn des Modells hervorzuheben.

Schritt 1 Um einen Farbigen zu porträtieren, eignet sich sehr gut eine Technik, bei der Sie verwischte Töne und kräftige Striche kombinieren. Am besten verwenden Sie dazu auch einen Bogen Ingrespapier, weil sich auf seiner gerippten Oberfläche die Töne besonders gut mit dem Finger oder einem Estompe verwischen lassen. Der Künstler beginnt die Zeichnung wieder mit der üblichen Eiform, die von einer senkrechten Mittellinie und drei waagerechten Hilfslinien für Augen, Nase und Mund unterteilt ist. Beachten Sie, daß es nur eine einzige Konstruktionslinie für die Augen gibt, die Brauen liegen direkt darüber. Die unterste Hilfslinie gibt den Unterrand der Unterlippe an, der sich auf halbem Wege zwischen Nase und Kinn befindet. Der Künstler betrachtet den Hals als einen etwas geneigten Zylinder. Wie Sie sehen scheut er sich nicht, die Konstruktionslinien so lange zu korrigieren, bis sie hundertprozentig stimmen. Weil bei diesem Beispiel viel mit der Technik des Verwischens gearbeitet wird, verwendet der Zeichner einen dicken, weichen 4B-Stift.

Schritt 2 Mit der Spitze des Bleistifts zeichnet John Lawn die Augen auf der Hilfslinie und setzt dann die Brauen darüber. Auf beiden Seiten der Mittellinie deutet er die Konturen der Nase an, die Nasenspitze und die Nasenflügel liegen schon auf der nächsten waagerechten Linie. Die Ohren befinden sich zwischen den beiden Linien für Augen und Nase. Auf der untersten Konstruktionslinie legt der Künstler mit einem kräftigen Strich die Kerbe unter der Unterlippe an. Die Trennlinie zwischen Ober- und Unterlippe liegt auf einem Drittel der Entfernung von der Nase zum Kinn. Der Kiefer wird jetzt etwas kantiger, die Wangen werden etwas runder und die Konturen des Kragens kommen hinzu. Als letztes in diesem Schritt werden die Haare skizziert.

Schritt 3 Mit der Spitze des dicken Bleistifts gibt der Künstler nun die Formen von Kopf und Gesichtszügen exakter wieder. Er zieht die Konturen von Wangen, Kiefer, Kinn und Hals direkt über den Hilfslinien aus Schritt 1 und 2 noch einmal nach. Mit der Spitze des Stiftes wird ganz vorsichtig der Haaransatz gezeichnet. Anschließend befaßt sich Lawn mit den Gesichtszügen: er verstärkt die Konturen der Brauen, zeichnet Ober- und Unterlid, Nasenflügel und Nasenspitze, er konstruiert die Flächen der Lippen und betont kleine, aber wichtige Einzelheiten, wie Augen- und Mundwinkel und die Kerbe im Kinn. Zum Schluß ergänzt er den Kragen.

Schritt 4 Nun hält Lawn den dicken Zeichenstift schräg und legt die Töne mit kräftigen Strichen an. Das Licht kommt von links, und so liegt der größte Teil des Kopfes im Schatten. Dieses Bild ist ein gutes Beispiel für ein Porträt im Gegenlicht. Ein feiner Lichtstreifen zieht sich am Rand der einen Gesichtshälfte entlang, weitere helle Stellen finden Sie bei Hals, Nase und Oberlippe, der Rest des Gesichts bekommt kein direktes Licht ab. Wo Licht und Schatten aufeinandertreffen, entsteht ein schwarzer Rand, den der Künstler betont, indem er den Bleistift am Rand der hellen Flächen bei Stirn, Wange, Kiefer, Hals und Nase besonders fest auf das Papier drückt. Er bedeckt die Schattenflächen im Gesicht mit dicken, waagerechten Strichen und betont dann die ganz dunklen Töne innerhalb dieser Schatten: die Brauen, die Augenhöhlen und die Augen, den Nasenrücken und die Nasenflügel, die Oberlippe und die dunkle Stelle unter der Unterlippe, das Kinn und den Schatten auf dem Hals. Außerdem tönt er das Haar und die im Schatten liegende Seite des Kragens nach. Am Ende dieses Schrittes können Sie jetzt schon eine klare Unterscheidung zwischen Licht- und Schattenflächen machen.

Schritt 5 Jetzt beginnt der Künstler, die Töne zu vertiefen, indem er die Seite der Mine über das Papier hin und her gleiten läßt. Die dicken Striche, die dabei entstehen, erkennen Sie am besten bei Stirn und Wange, wo oft große Abstände zwischen den einzelnen Strichen bestehen, die aber später beim Verwischen der Töne verschwinden. Lawn verstärkt die dunklen Töne dort, wo Licht und Schatten aufeinandertreffen: an der Seite von Gesicht, Nase und Oberlippe. Er tönt das Haar, den Schatten auf dem Hals und die vom Licht abgewandte Seite des Kragens dunkler und verstärkt dann Konturen und Töne bei Brauen, Augen, Nase und Mund. Mit der Spitze des Bleistifts betont er die dunklen Ränder von Lidern, Nasenlöchern und Lippen.

Schritt 6 Nun drückt der Zeichner den Stift noch fester auf das Papier und führt ihn mit kräftigen Strichen über die Textur, um die dunklen Töne innerhalb der Schatten auf dem Gesicht zu verstärken. Er vertieft die Töne bei den Augenhöhlen, entlang des Nasenrückens, unter der Nase und den Wangen, innerhalb der Lippen, um das Kinn herum und auf dem Hals. Mit kurzen, geschwungenen Kritzelstrichen tönt er das Haar dunkler und deutet die Krause an. Mit der Spitze des Bleistifts verstärkt er Konturen und ergänzt solche Einzelheiten wie die Pupillen, die Schatten um die Nasenflügel und die Trennlinie zwischen Ober- und Unterlippe.

Schritt 7 Der Zeichner läßt jetzt seine Fingerspitze über die Schattenflächen gleiten und verwischt die Striche zu weichen, leuchtenden Tönen. Aber nicht überall wird gewischt: der Künstler beschränkt sich damit auf Stirn, Wangen, Nase, Unterlippe und Kinn. Mit einem Knetgummi werden die beleuchteten Flächen aufgehellt und Glanzlichter bei Nase und Wange herausgearbeitet. Dann werden mit dem Bleistift noch einmal die Schatten bei den Augenhöhlen, den Lidern, den Lippen, bei der Unterseite der Wangen und an den Seiten der Kiefer verstärkt. Mit der Spitze des Stiftes werden ganz zum Schluß noch die Konturen von Lidern, Iris und Pupillen nachgezogen und die Nasenflügel und die Trennlinie zwischen Ober- und Unterlippe betont.

Schritt 1 Nachdem Sie nun gesehen haben, wie leicht sich Graphit auf der texturierten Papieroberfläche verwischen läßt, wissen Sie jetzt, daß eine Bleistiftzeichnung gewisse Ähnlichkeit mit einem Gemälde in Schwarz und Weiß haben kann. Vielleicht haben Sie dabei Lust bekommen, einmal ein Porträt zu zeichnen, bei dem fast alle Töne zart verwischt sind, so daß die Striche völlig verschwinden. Für eine solche Zeichnung benötigen Sie einen dicken Stift (4B, 5B oder sogar 6B) oder ein Graphitstäbchen. Der Künstler hat sich hier eine 5 B–6 Graphitmine ausgesucht, die in einem Plastikhalter steckt, und arbeitet auf besonders rauhem Papier, dessen Körnung kräftiger ist als die des Ingrespapiers, das beim vorigen Beispiel verwendet wurde. Lawn zeichnet zuerst wieder die übliche Eiform und einen schrägen Zylinder für den Hals. Der Kopf ist ins Halbprofil gedreht, so daß die senkrechte Mittellinie nicht mehr genau in der Mitte liegt. Horizontale Hilfslinien deuten auch hier wieder die Lage der Gesichtszüge an; der Künstler teilt sie mit kleinen Strichen auf, um die Augen und die Ränder von Nasenflügeln und Mund anzugeben.

Schritt 2 Der Künstler zeichnet die Umrisse des Gesichts über der Eiform und hält dabei schon die Rundungen von Wangen, Kiefer und Kinn fest. Mit raschen, großzügigen Bögen wird das Haar skizziert. Dann erscheinen die ersten Striche für die Gesichtszüge über den Hilfslinien aus Schritt 1: die Bögen von Brauen und Oberlidern, Seite und Unterseite der Nase, Ober- und Unterlippe. Das eine Ohr, das zu sehen ist, schließt wieder mit Augen und Nase ab. Sie können gut erkennen, wie die rauhe Textur des Papiers die Striche bricht und sie ungleichmäßig werden läßt.

Schritt 3 John Lawn vervollständigt hier seine erste Skizze der Umrisse von Kopf und Gesichtszügen. Er betont die Linie von Kinn und Kiefer, gibt das Ohr präziser wieder und ergänzt die inneren Konturen der Augen, schon mit einem dunklen Schleier auf der Iris. Er zeichnet den Nasenrücken, die Nasenspitze und die Nasenflügel und deutet die kleine Rinne zwischen Oberlippe und Nase an. Er arbeitet den Mund heraus, tönt die Mundwinkel dunkler und deutet das Grübchen unter der Unterlippe mit Kritzellinien an. Die Umrisse des Haares werden mit raschen, großzügigen Strichen verstärkt.

Schritt 4 Jetzt arbeitet Lawn mit der Seite der Mine, läßt sie geschickt über das Papier gleiten, um die großen, dunklen Flächen anzulegen. Das Papier ist so rauh, daß man die einzelnen Striche kaum unterscheiden kann: die Textur des Papiers tritt deutlich hervor. Die Linien aus Schritt 1, 2 und 3 verschwinden rasch unter diesen Tönen. Bei den blasseren Schattierungen läßt der Künstler den Stift nur ganz leicht über das Papier gleiten, bei dunkleren Flächen wie Augenhöhlen, Wangen, dem Schlagschatten der Nase und dem Haar drückt er fester auf und legt mehrere Strichlagen übereinander. Die meisten Linien sind jetzt unter der Tönung verschwunden, die noch übrigen werden ausradiert. In Schritt 4 sollte hauptsächlich ein klarer Unterschied zwischen Licht (dem weißen Papier), Schatten und Halbtönen herausgearbeitet werden.

Schritt 5 Der Künstler beginnt jetzt, die Striche mit der Fingerspitze und dem Estompe zu verwischen. Mit dem Finger überarbeitet er die großen Flächen bei Stirn, Wange, Kiefer und Hals. Der Estompe tritt bei den kleineren Stellen in Aktion, z. B. bei den Augen, dem Nasenflügel und der Unterseite der Nase, bei Lippen und Kinn. Mit dem Bleistift werden Augen und Lippen noch einmal nachgetönt, dann werden auch diese Striche wieder mit dem Estompe verwischt. Die Kontur des Haares wird auf der rechten Seite mit der Fingerspitze ein wenig verwischt.

Schritt 6 In diesem Schritt arbeitet der Künstler abwechselnd mit dem Bleistift und dem Estompe. Mit dem Stift werden die Augenbrauen gezeichnet, die Augen, die Unterseite der Nase und der Mund verstärkt. Mit der Spitze des Estompes werden diese Striche dann wieder verwischt. Er verwendet die Seite der Mine, um beim Haar dicke Striche zu ergänzen, die er anschließend mit der Fingerspitze wieder auslöscht. Mit dem gut gespitzten Bleistift werden die dunklen Töne in den Augen, bei den Nasenflügeln und in den Mundwinkeln betont. Ein paar rasche Bewegungen mit dem Knetgummi lassen das reflektierte Licht innerhalb der Schatten auf Wange, Kiefer, Hals und Ohr entstehen. Beachten Sie, wie die Ränder dieser Formen etwas heller werden. Mit der Fingerspitze wird dann noch ein wenig Ton auf der Halsgrube, auf der einen Schulter und unter dem Kragen aufgetragen.

Schritt 7 Der Künstler preßt seinen Finger auf das Sandpapierblöckchen, das er zum Schleifen der Minen verwendet, und nimmt etwas Graphitstaub auf, den er dann sorgfältig auf den schattigen Flächen von Gesicht und Haar verteilt. Die Töne in der Zeichnung werden lebendiger und tiefer. Mit der Spitze des Bleistifts werden Details bei Augenlidern, Iris und Pupillen ergänzt, die Nasenflügel exakter gezeichnet, die Konturen der Lippen verstärkt und einzelne Haarsträhnen angedeutet. Ein paar Tupfer mit dem Knetgummi hellen die beleuchteten Flächen im Gesicht auf und zaubern helle Strähnchen ins Haar.

Feine Striche Ein Kreidestäbchen oder ein Kreidestift läßt sich sehr gut anspitzen, und dann kann man damit die Töne bei einem Porträt mit so feinen Strichen anlegen, wie Sie es hier im Beispiel sehen. Die präzisen Linien folgen dem Schwung des Haares. Bei den dunkleren Stellen drückt der Künstler fester auf und legt die Striche näher nebeneinander. Die Töne bei Schläfe und Oberlid werden mit kurzen, parallelen Bögen wiedergegeben, die Einzelheiten bei den Augen werden mit der Spitze des Zeichenwerkzeugs herausgearbeitet.

Dicke Striche So sieht es aus, wenn dasselbe Modell noch einmal mit dem stumpfen Ende der Kreide gezeichnet wird. Das rechteckige Ende des Stäbchens hinterläßt die kräftigen Bögen, mit denen das Haar gezeichnet ist, und die Bündel von kurzen Parallelen, die Augenhöhlen, Brauen und Wange modellieren. Um die feinen Details bei den Augen wiederzugeben, hält der Künstler die Kreide einfach so schräg, daß die Kante des Stäbchens das Papier berührt. Mit dieser scharfen Kante kann man erstaunlich präzise Linien ziehen, wie Sie hier bei Augenlidern, Iris und Pupillen sehen können.

Striche auf Ingrespapier Die gerippte Oberfläche von Ingrespapier eignet sich gut für Kreidezeichnungen, gleichgültig, ob Sie nun mit einem Kreidestift oder einem Stäbchen arbeiten. Das Papier bricht die Striche und gibt der Zeichnung seine eigene, feine Textur. Kleine Flecken weißen Papiers sind zwischen den Strichen zu erkennen und verleihen dem Porträt eine Lebendigkeit, die man kaum mit einem anderen Papier erzielen kann. Sie können mit dicken Strichen arbeiten, wie Sie es hier bei den Wangen sehen, aber das Papier ist auch noch glatt genug, um präzise Details und feine Linien bei den Gesichtszügen zuzulassen.

Striche auf rauhem Papier Natürlich gibt es noch viel rauhere Papiersorten als Ingrespapier, und es lohnt sich, auch die einmal auszuprobieren. Auf einem rauhen Zeichengrund arbeitet man am besten mit dem rechteckigen Ende der Kreide und mit dicken, kräftigen Strichen. Beachten Sie, wie lebendig die Striche bei Wangen und Kiefer aussehen. Man kann aber auch auf rauhem Papier recht genau arbeiten: z. B. die Augen sind hier mit ziemlich präzisen, feinen Linien gezeichnet. Allerdings sind diese Striche deutlich rauher als die auf dem Ingrespapier im vorigen Beispiel.

Modellieren mit Strichen Wenn Sie mit einem gespitzten Kreidestäbchen oder einem Kreidestift arbeiten, können Sie eine plastische Form zeichnen, indem Sie mehrere Lagen von Strichen übereinanderschichten. An der Seite des Gesichts zeichnet der Künstler langsam einen Strich über den anderen, bei den dunklen Tönen sind die Lagen dicker. Die Striche sind gebogen, um die Rundung des Gesichts wiederzugeben. Lippen und Nase werden auch Strich für Strich gezeichnet. Das Netz der Striche ist ganz dicht in den dunklen Flächen, bei den blasseren Tönen liegen die Striche weiter auseinander, wie Sie es unter der Unterlippe erkennen können.

Modellieren durch Verwischen Eine andere Möglichkeit, eine plastische Form herauszuarbeiten, besteht darin, die dunklen Flächen mit großzügigen Strichen anzulegen und diese dann mit der Fingerspitze oder einem Estompe zu verwischen. Die Striche müssen hierbei gar nicht genau sein, sie verschwinden ja beim Verwischen. Durch das Wischen entstehen lebendige, rauchige Töne wie die auf der Seite des Gesichts. Wenn Sie einige Striche verwischen, dunkle Töne mit der Kreide ergänzen und die beleuchteten Flächen mit dem Knetgummi aufhellen, entstehen starke Kontraste, wie Sie auf Mund und Nase erkennen können.

Gleichmäßige Töne auf Ingrespapier Ingrespapier hat wie jedes stark texturierte Papier eine ausgeprägte Körnung. Wenn die Kreide über das Papier gleitet, berührt sie die Erhöhungen und läßt die Vertiefungen aus, die kleinen Erhebungen schaben bei jedem Strich ein wenig Kreidestaub ab, und die Töne werden immer dunkler. So können Sie weiche, leuchtende Tönungen schaffen, indem Sie die Kreide ganz leicht über das Papier führen, die dunklen Töne entstehen, wenn Sie fester aufdrücken. Arbeiten Sie langsam, und lassen Sie die Töne allmählich wachsen: nur so bekommen sie das einzigartige Leuchten.

Gleichmäßige Töne auf rauhem Papier Diese Technik können Sie auf jedem Papier ausprobieren, das eine kräftige Körnung hat. Hier sehen Sie eine Zeichnung desselben Modells auf rauhem Papier: die Striche wirken viel kräftiger. Auch hier läßt der Künstler die Kreide wieder über das Papier gleiten, so daß der Kreidestaub an den kleinen Hügeln im Papier hängenbleibt und die Täler ausspart. Mit jedem Strich häuft sich mehr Kreidestaub an, und die Töne werden dunkler. Es ist fast unmöglich, auf der Zeichnung noch einen einzelnen Strich zu erkennen, die Textur des Papier beherrscht das Bild.

Schritt 1 Wenn Sie Ihr erstes Kreideporträt zeichnen, sollten Sie ausprobieren, was Sie alles mit Linien und Strichen – ohne Verwischen – anfangen können. Ein hartes, ziemlich schmales Kreidestäbchen, z. B. ein Contéstift, eignet sich am besten dafür. Zuerst wird das Zeichenwerkzeug auf einem Sandpapierblöckchen zu einer feinen Spitze zurechtgeschliffen. Der Künstler zeichnet als erstes die übliche Eiform. Das Modell wird genau von vorn porträtiert, so daß die Mittellinie das Gesicht in zwei gleiche Hälften teilt. John Lawn zeichnet dann die üblichen horizontalen Hilfslinien und beim Mund eine Doppellinie für die Mundöffnung und den unteren Rand der Unterlippe. Zwei senkrechte Striche deuten die Zylinderform des Halses an. Als nächstes werden die Ohren skizziert, ihr oberer Rand liegt auf einer Linie mit den Augenbrauen, die Ohrläppchen bilden eine Linie mit der Unterseite der Nase.

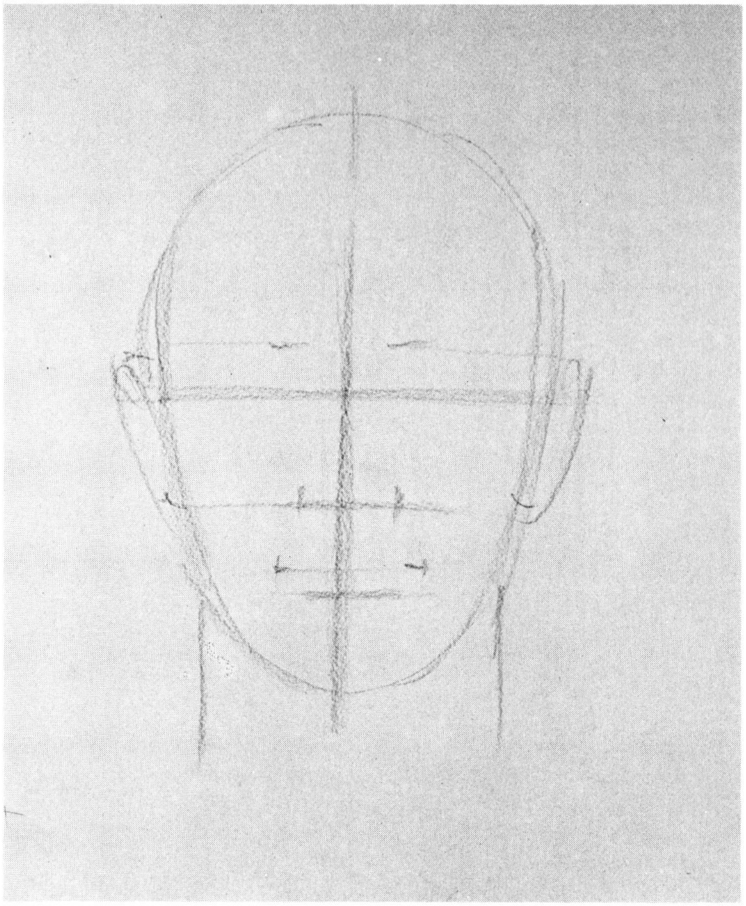

Schritt 2 Der Künstler arbeitet immer noch mit dem gespitzten Ende der Kreide und beginnt, die Konturen in der unteren Gesichtshälfte zu zeichnen. Er fängt mit der Rundung der Wangen an und arbeitet dann den eckigen Kiefer und das runde Kinn heraus. Die Form der Haare wird nur kurz skizziert. Er verstärkt die Umrisse des Halses und ergänzt den Kragen. Als nächstes deutet er Augenbrauen und Oberlider an, dann den Nasenrücken, Nasenspitze und Nasenflügel, Ober- und Unterlippe. Mit ein paar Kritzelstrichen wird die Kuhle unter der Unterlippe gezeichnet; sie ist wichtig, weil sie die Rundung der Lippe unterstreicht.

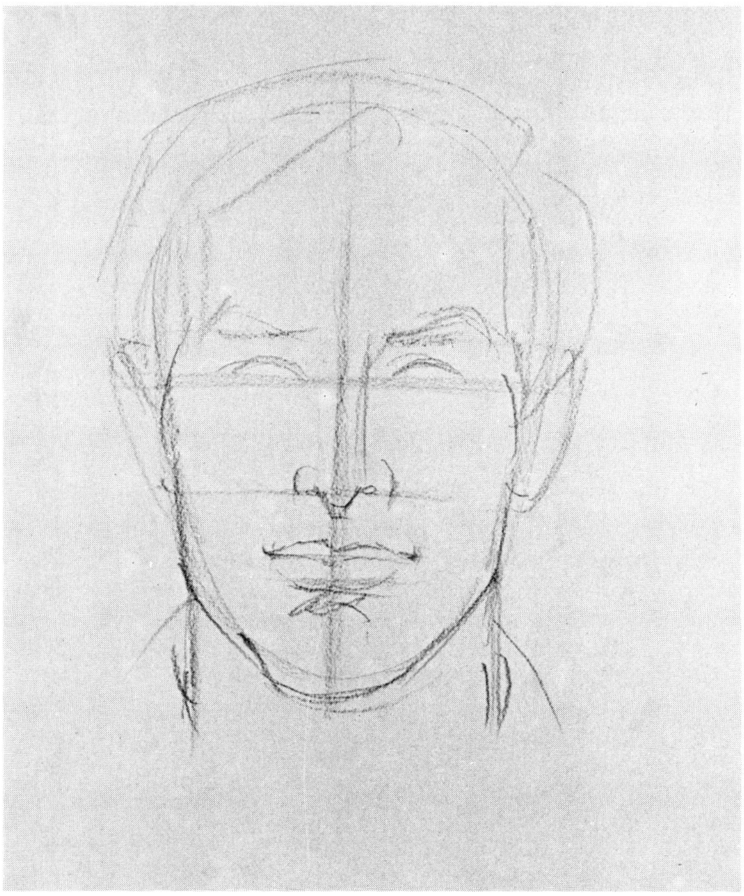

Schritt 3 Jetzt hat sich die Kreide etwas abgenutzt, die Spitze ist ein wenig stumpf geworden und hinterläßt dickere Striche. Der Künstler betont die Form von Brauen und Augenlidern mit dickeren Linien und überarbeitet dann Nase und Lippen ebenfalls mit Strichen, die breiter ausfallen als die feinen Linien aus Schritt 1 und 2. Er zeichnet die Ohren genauer und legt dann mit der stumpfen Kreide die Schatten auf der – vom Betrachter aus gesehen – linken Seite von Gesicht und Hals an und bei den Augenhöhlen und auf der linken Seite der Gesichtszüge. Der größte Teil des Gesichts ist beleuchtet – das Licht kommt von rechts –, und es gibt nur schmale Schattenstreifen an der Seite der Formen. Vergleichen Sie dieses Bild nun einmal mit dem Porträt des Dunkelhäutigen, wo der Effekt genau umgekehrt war: der Großteil des Gesichts lag im Schatten, und es gab nur einen kleinen, hellen Streifen am Rand des Gesichts.

Schritt 4 Der Künstler spitzt das Stäbchen wieder an, um Augenlider, Nasenspitze, Nasenflügel und die Konturen der Lippen genauer einzufangen. Außerdem wird jetzt das Haar präziser gezeichnet und das Innere des Ohres angedeutet. Ein paar Linien skizzieren den Kragen. Wenn die Kreide wieder stumpf geworden ist, übergeht der Künstler die getönten Flächen noch einmal mit etwas dickeren Strichen. Er legt die Töne beim Haar an und arbeitet Einzelheiten heraus, wie die kleine Rinne zwischen der Nase und der Oberlippe, die Kerbe im Kinn und die Schatten unter den Ohrläppchen. Die Hilfslinien aus Schritt 1 und 2 werden ausradiert.

Schritt 5 In diesem Stadium ist es besonders nützlich, daß die Kreide stumpf ist. Der Zeichner überarbeitet noch einmal alle Töne mit kurzen, parallelen Strichen und erreicht so die Plastizität. Diese Striche erkennen Sie am besten an der Rundung der Wange. Man sieht jetzt schon Abstufungen innerhalb der Töne, z. B. bei der Wange, wo das Licht in Halbton, Schatten und reflektiertes Licht auf der anderen Seite des Schattens übergeht. Sorgfältig tönt der Künstler Brauen, Augenhöhlen, Nase, die dunkle Oberlippe und den Ton unter der Unterlippe nach. Er modelliert Braue und Kinn auf dieselbe Weise wie Wange und Kiefer. Er ergänzt einen deutlichen Schatten auf dem Haar und vertieft den Schatten auf dem Hals. Mit der scharfen Kante der Kreide werden dunkle Stellen bei den Lidern und zwischen den Lippen ergänzt.

Schritt 6 Der Künstler legt einen Strich über den anderen und arbeitet so langsam die Schattierungen bei Brauen, Wange, Kiefer, Kinn und Hals heraus. Er vertieft die Töne bei den Augenhöhlen, bei Nasenflügel und Unterseite der Nase, bei der Oberlippe und dem Schatten unter der Unterlippe. Die Ohrläppchen, der Schatten in der Ohrmitte, die Nasenlöcher und die Iris werden dunkler getönt. Mit der Kante der Kreide betont der Zeichner die Augenbrauen und deutet einzelne Haare an. Mit dem stumpfen, ungespitzten Ende der Kreide wird dann das Haar weiter ausgearbeitet.

Schritt 7 Der Zeichner vervollkommnet das Porträt, indem er die Töne im Gesicht mit Bündeln von parallelen Strichen aufbaut. Bei Augenhöhlen, Nase und Mund kommen diese Töne jetzt gut heraus. Das Haar wird mit ein paar weiteren dicken Strichen mit dem stumpfen Ende der Kreide dunkler getönt. Dann spitzt der Künstler das Kreidestäbchen noch einmal und überarbeitet die Gesichtszüge; er zeichnet die feinen Details bei Lidern, Iris und Pupillen, Nasenflügeln, der geschwungenen Oberlippe und der weicheren, volleren Form der Unterlippe.

Schritt 1 Um ein Porträt zu zeichnen, bei dem feine Linien mit dickeren Strichen und verwischten Tönen kombiniert werden, sollten Sie einmal harte Pastellkreide ausprobieren. Grobkörniges Papier eignet sich besonders gut zum Verwischen mit dem Finger oder dem Estompe. Zuallererst schleift der Künstler ein hartes Pastellstäbchen auf einem Stück Sandpapier zurecht. Natürlich läßt es sich nicht so gut spitzen wie ein Pastellstift, aber man kann doch recht präzise Linien damit ziehen. Beachten Sie, wie das rauhe Papier die Linien bei den Eiformen bricht. Da das Modell im Halbprofil wiedergegeben wird, verschiebt sich die Mittellinie nach links – immer vom Betrachter aus gesehen. Die horizontalen Hilfslinien für Augen, Nase und Mund bleiben aber am gewohnten Platz. Auf diesen horizontalen Linien deutet der Künstler mit kleinen Strichen die Lage von Augen, Nasenflügeln und Mundwinkeln an. Ganz rechts am Kopf kommen noch zwei kleine Zeichen hinzu, die die Länge des Ohres andeuten, das mit Augenbrauen und Unterseite der Nase abschließt. Der Hals ist wie immer ein etwas schräger Zylinder.

Schritt 2 Jetzt wird die Spitze des Pastellstäbchens langsam stumpf und muß nachgeschliffen werden. Der Künstler zeichnet dann damit die eckigen Konturen des Kopfes, Brauen, Wangen, Kiefer, Kinn und Hals über den Hilfslinien aus Schritt 1. Mit ein paar Bogen deutet er das Haar an, das in die Stirn fällt und den hinteren Umriß des Schädels verdeckt. Er beginnt, die Gesichtszüge über den bekannten Hilfslinien zu zeichnen und deutet die Dreiecksform des Kragens an.

Schritt 3 Nun werden die Hilfslinien aus Schritt 1 ausradiert, und der Künstler gibt die Konturen präziser wieder. Er zeichnet die schmalen Augenlider, das kräftige Ende der Nase mit dem einen Nasenflügel, der im Halbprofil zu erkennen ist. Man sieht jetzt schon die geschwungene Oberlippe. Über dem Kinn wird noch ein kleiner Bogen ergänzt, der die kantige Form unterstreicht. Die Kiefer werden etwas eckiger, und dann wendet sich John Lawn den Details im Ohrinneren zu. Auf der harten Papieroberfläche schmiert die Kreide leicht oder wird weggewischt, das ist hier bei der Kontur links vom Mund geschehen.Diese Linie wird dann im nächsten Schritt wieder nachgezogen.

Schritt 4 Das rechteckige, harte Pastellstäbchen ist immer noch relativ spitz, so daß der Künstler nun damit die Töne in Bündeln von Parallelen anlegen kann. Beachten Sie, wie die Striche die Richtung von der Braue über die Wange zum Kiefer ändern: sie unterstreichen die Form. Der Ton am schrägen Nasenflügel wird mit schrägen Strichen wiedergegeben. Dann tönt Lawn die Augenhöhlen, legt den Schatten unter der Nase an, tönt die Oberlippe und deutet den Schatten unter der Unterlippe an. Mit der flachen Seite des Pastellstäbchens wird das Haar gezeichnet. Anschließend spitzt der Künstler das Stäbchen wieder und ergänzt weitere Details bei Augen und Ohr.

Schritt 5 Der Zeichner läßt die Fingerspitze leicht über die Papieroberfläche gleiten und verwischt an manchen Stellen die Striche aus Schritt 4. Dazu gehören die Töne an der Seite von Braue, Wange, Kiefer und Hals; die Striche werden dabei allerdings nicht vollständig ausgelöscht, ein paar bleiben erhalten. Bei den Augenhöhlen, dem Nasenflügel, unter der Nase und der Unterlippe geht er genauso vor. Durch ein paar großzügige Bewegungen mit dem Daumen werden die Striche beim Haar zu Tönen verwischt. Mit der Spitze eines Estompes kommt man auch in kleinere Ecken und kann bei Brauen und Augen die Töne verwischen. Mit dem flachen Ende des Pastellstäbchens werden bei Haar, Brauen, Wange und Kiefer dunkle Striche ergänzt, die dann zum Teil verwischt werden. Mit der Seite der Kreide fügt Lawn den dunklen Ton hinter dem Kopf hinzu und verwischt die Striche mit seinem Daumen.

Schritt 6 Mit der Spitze des Pastellstäbchens werden die äußeren Umrisse des Gesichts genauer nachgezogen. Vergleichen Sie einmal die Kontur der Wange hier und in Schritt 5. Dann zeichnet Lawn die Lider exakter, ergänzt die Pupillen und betont die Augenwinkel. Er präzisiert die Nasenflügel und die Form der Oberlippe und tönt die Mundwinkel dunkler. Auch beim Ohr wird ein dunkler Ton ergänzt. Anschließend vertieft der Künstler die Schatten in den Augenhöhlen, bei Nasenspitze, Braue und Wange mit Bündeln von kurzen Parallelen, die dann mit der Fingerspitze oder einem Estompe verwischt werden. Mit der Seite des Pastellstäbchens tönt der Künstler das Haar und die Schultern mit großzügigen Strichen nach, die rasch mit dem Daumen verwischt werden.

Schritt 7 Der Zeichner drückt seine Fingerspitze auf das Sandpapier und nimmt etwas Kreidestaub auf, den er vorsichtig auf die Schattenflächen im Gesicht verteilt: auf Stirn, Wangen, Kiefer, Hals, Augenhöhlen, Nase und Lippen. Auf dieselbe Weise tönt er Hals, Haar, Ohr und Kragen. Mit der Spitze der Pastellkreide werden die Konturen der Augenlider nachgezogen und dunkle Töne bei Brauen und Lippen ergänzt. Mit dem Knetgummi werden die beleuchteten Flächen aufgehellt, mit einer Rasierklinge arbeitet der Künstler die Glanzlichter bei den Augen heraus.

Schritt 1 Kreide läßt sich so leicht verwischen, daß man sie fast wie nasse Ölfarbe verteilen kann. Zeichnen Sie jetzt doch einmal ein Porträt, das im wesentlichen aus weichen, verwischten Tönen besteht. Diese Zeichnung hat John Lawn mit einem Stäbchen harter Pastellkreide auf Ingrespapier angefertigt. Die kräftige Oberfläche verträgt eine ganze Menge Wischen mit dem Finger, dem Estompe oder auch einem Radiergummi. Was in Schritt 1 geschieht, sollte Ihnen inzwischen in Fleisch und Blut übergegangen sein. Man zeichnet die altbekannte Eiform, den zylindrischen Hals und die waagerechten und senkrechten Hilfslinien für die Gesichtszüge. Wenn Sie sich jetzt aber einmal die bisherigen Beispiele betrachten, werden Sie feststellen, daß diese Eiformen nicht völlig identisch sind. Es gibt feine Unterschiede in Höhe und Breite, manche sind lang und relativ schmal, andere dagegen runder, wie das sanfte Gesicht dieser Frau hier.

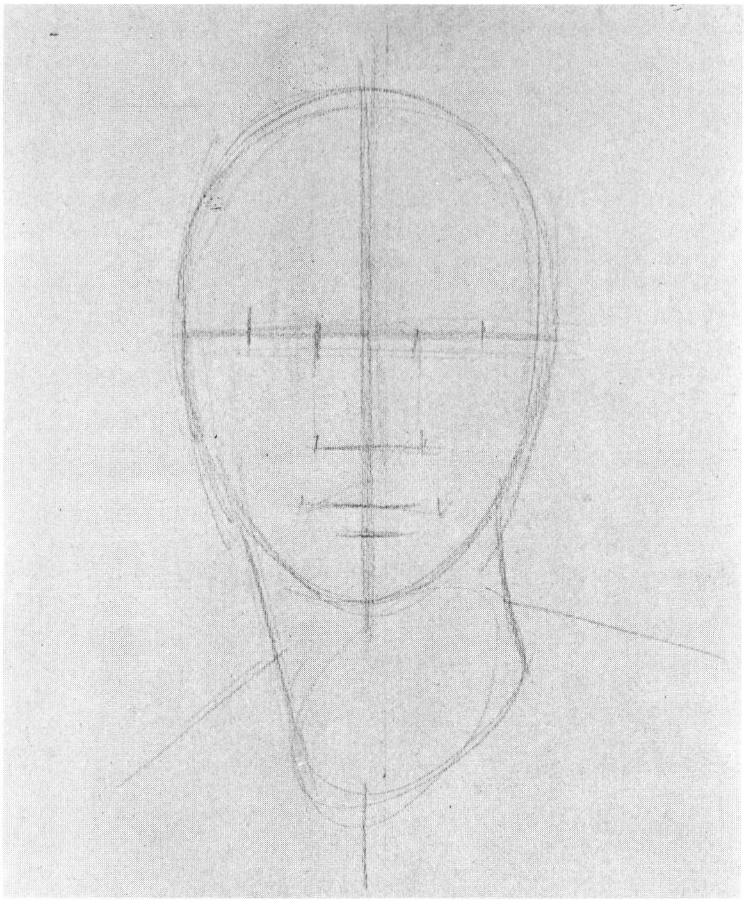

Schritt 2 Über den Hilfslinien aus Schritt 1 zeichnet der Künstler jetzt die lebensechten Konturen von Gesicht und Haaren. Er gibt die Rundung der Wangen, den eckigen Kiefer und das runde Kinn wieder. Mit langen, geschwungenen Linien deutet er das Haar an, das Kopf und Hals vollständig umrahmt. Mit ein paar schrägen Strichen wird der Kragen skizziert. Die Gesichtszüge liegen auf den Hilfslinien innerhalb der Eiform. Beachten Sie, daß nicht nur die Augen, sondern auch die inneren Winkel der Augenhöhlen angedeutet werden. In Schritt 1 und 2 arbeitet der Künstler mit der scharfen Kante des rechteckigen Kreidestäbchens. Wenn eine Ecke stumpf wird, dreht man die Kreide. Die Ecken bleiben gerade so lange scharf, bis die erste Linearskizze fertig ist.

Schritt 3 Der Künstler verwendet das stumpfe Ende der Kreide, um die Töne mit kräftigen Strichen aufzutragen. Zu beiden Seiten der Nase zeichnet er einen Bogen. Mit ein paar Strichen werden die Schatten bei den Nasenflügeln und unter der Nase angedeutet. Mit kurzen, dicken Strichen werden die Schatten in den äußeren Augenwinkeln, an Wangen und Kiefer und in der Halsgrube ergänzt. Lawn tönt dann den Mund und zeichnet die dunkle Iris mit ein paar raschen Strichen mit dem stumpfen Ende der Kreide. Anschließend wird das Haar mit großzügigen Strichen angelegt. In diesem Stadium gleitet die Kreide nur ganz leicht über die Papieroberfläche, die Töne werden lediglich angedeutet und später genauer ausgeführt.

Schritt 4 Lawn drückt nun die Kreide mit dem stumpfen Ende fester auf das Papier, tönt die Iris dunkler und erweitert die Schatten bei den Nasenflügeln. Anschließend zeichnet er mit der Spitze des Kreidestäbchens die dunklen Linien bei Lidern und Nasenlöchern. Dann läßt er wieder das stumpfe Ende über das Papier gleiten und vertieft die Töne in den Augenhöhlen. Mit einem kleinen Kreidestückchen, einem zerbrochenen Stäbchen oder einem abgenutzten Stumpf werden dann Haar und Hals mit dicken Strichen nachgetönt. Der Zeichner verwendet dazu die flache Seite des Kreidestäbchens und preßt es fester auf das Papier.

Schritt 5 Der Künstler läßt seine Fingerspitze leicht über das Papier gleiten und verwischt die Striche bei den Augenhöhlen, unter der Nase und an den Seiten der Wangen. Mit einem Knetgummi werden die Schatten bei den Nasenflügeln aufgehellt. Der Zeichner verwischt die Striche beim Hals, wodurch auch die Kinnlinie verschwimmt. Mit der flachen Seite eines kleinen Kreidestückchens tönt er das Haar dunkler und verwischt die Fläche dann mit dem Daumen, dabei wird etwas von dem Kreidestaub in den Schatten beim Jochbein hineingezogen. Dann werden die Lippen ein wenig verwischt, und mit der scharfen Kante der Kreide werden Brauen, Augen, Nasenflügel und Mund nachgezogen. Eine rasche Bewegung mit der Fingerspitze nimmt den Strichen die Härte.

Schritt 6 Der Daumen und noch ein oder zwei andere Finger des Künstlers sind jetzt mit Kreidestaub verschmiert. Er benutzt sie nun wie einen Pinsel, mit dem er den Ton an den Seiten der Stirn, unter den Wangen, an den Seiten des Kiefers und am Hals verteilt, der nun deutlich dunkler ist als in Schritt 5. Ebenfalls mit dem Finger werden die ganz hellen Töne zu beiden Seiten der Nase aufgetragen und die Innenseiten der Augenhöhlen dunkler getönt. Mit der scharfen Kante der Kreide werden Brauen, Lider, Nasenflügel und Lippen nachgezogen. Kleine, präzise Striche ergänzen die Pupillen, verstärken die Nasenflügel und die Mundwinkel.
Als nächstes überarbeitet der Künstler mit langen, breiten Strichen das Haar mit der Seite des kurzen Kreidestäbchens. Der Knetgummi wird zu einer Spitze geformt und dann dazu verwendet, das Weiße in den Augen aufzuhellen, die Konturen des Mundes zu präzisieren und die Glanzlichter auf der Unterlippe herauszuarbeiten.

Schritt 7 Der Zeichner verwischt die Töne und die Konturen beim Haar mit seinen Fingerspitzen und ergänzt ein paar Striche für die Details. Seine Finger sind jetzt mit Kreidestaub verschmiert, den er vorsichtig über das Gesicht verteilt, um damit zarte Halbtöne bei Stirn, Wangen und Kiefer zu ergänzen und um Hals und Unterseite der Nase tiefer zu tönen. Mit dem Knetgummi werden die beleuchteten Flächen bei Stirn, Augenhöhlen, Wangen, Nase, Oberlippe und Kinn aufgehellt. Mit der scharfen Kante der Kreide werden dann noch einmal die Oberlider betont und ein paar Wimpern ergänzt.

Feine Striche Ein harter oder mittelharter Kohlestift läßt sich so gut spitzen, daß man damit ziemlich präzise Linien ziehen kann. Die Töne bei Haar, Stirn und Augen des Modells werden mit Bündeln von Parallelen mit der Spitze des Stiftes herausgearbeitet. Der Künstler legt mehrere Strichlagen übereinander, um die Töne bei den Augenhöhlen, unter den Augen und an der Seite der Nase zu vertiefen. Die feinen Linien bei den Haaren wurden mit der Spitze des Stiftes, die dicken Striche mit der Seite der Mine gezeichnet.

Dicke Striche Ein weicher Holzkohlestift hat eine dicke Mine, die sich besonders für breite Linien eignet. Natürlich können Sie auch ein Kohlestäbchen oder eine Mine mit einem Halter verwenden. Vergleichen Sie einmal die breiteren, unregelmäßigen Striche in dieser Zeichnung mit den genaueren Linien aus dem vorigen Beispiel. Der weiche Kohlestift oder das Kohlestäbchen kann so zurechtgespitzt werden, daß man damit auch präzise arbeiten kann – wie hier bei Haar und Augen –, aber die Spitze wird ziemlich rasch wieder stumpf. Um große Flächen anzulegen, benutzt ein Künstler meist die Seite der Kohlemine oder des Kohlestäbchens.

Striche auf Ingrespapier Striche eines harten oder mittleren Kohlestiftes kommen auf Ingrespapier besonders gut heraus. Die gerippte Textur dieses Papiers läßt die Striche weicher erscheinen, weil immer noch winzige weiße Fleckchen darin zu sehen bleiben. Schauen Sie sich einmal die Töne an der Seite von Nase und Wange an, den Schatten unter der Nase und die dunklen Lippen – sie wirken transparent und scheinen zu leuchten. Die kleinen weißen Punkte lassen auch den dunkelsten Ton noch lebendig erscheinen.

Striche auf rauhem Papier Die Striche eines Kohlestiftes oder -stäbchens wirken auf Papier mit rauher Textur noch lebendiger und großzügiger. Die Körnung der Holzkohle wird durch die rauhe Oberfläche noch betont. Die Striche in dieser Zeichnung sind kräftiger, wenn auch ungenauer, als die präzisen Linien im vorigen Beispiel. Sie sollten einmal rauhes Papier ausprobieren, es ermutigt Sie, mit kräftigen, großzügigen Strichen zu arbeiten, außerdem müssen Sie dabei die Zeichnung einfach halten, da Sie nicht allzu viele Details wiedergeben können.

Modellieren mit Strichen Dieses Porträt wurde mit harten und mittelharten Kohlestiften gezeichnet. Der Künstler legt die Striche in Bündeln an, die die Richtung verändern und den Rundungen des Gesichts folgen. Sehen Sie, wie sich die Linien um den Rand der Augenhöhlen legen und dann schräg nach unten zum Nasenflügel hin verlaufen? Die Strichbündel ändern auch an der Seite der Wangen ihre Richtung. Sie dürfen sich also nicht einfach in die Arbeit stürzen und mit spontanen Kritzelstrichen beginnen: Ihre Striche müssen sorgfältig geplant werden.

Modellieren durch Verwischen Die Striche eines mittleren Kohlestiftes lassen sich leicht verwischen; noch einfacher wird die Arbeit aber mit einem weichen Stift oder einem Kohlestäbchen. Diesmal hat der Künstler die Töne mit dicken, großzügigen Strichen angelegt, die er dann mit der Fingerspitze zu sanften, samtigen Schattierungen verwischt. Allerdings werden die Striche nicht so weit verwischt, daß sie völlig verschwinden, ein paar kann man immer noch innerhalb der Töne erkennen: bei der Wange, innerhalb der Augenhöhlen und an der Seite der Nase, wo die darunterliegenden Striche den zartgetönten Schleier solider erscheinen lassen.

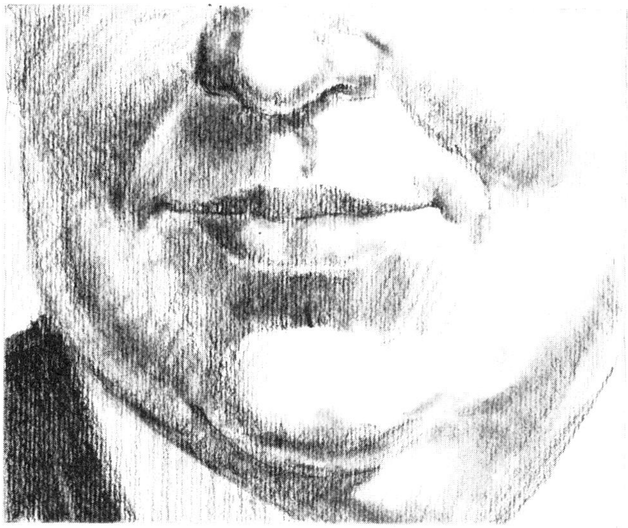

Striche und Verwischen auf Ingrespapier Die harte Oberfläche von Ingrespapier ist ideal für ein Porträt, bei dem verschiedene Techniken kombiniert werden sollen: feine Linien wie hier an der Unterseite der Nase und zwischen den Lippen, dicke Striche wie bei der Schattenseite des Gesichts und verwischte Flächen, wie Sie sie überall bei dieser Zeichnung finden. Der Künstler verwendet einen gut gespitzten harten Kohlestift für die präzisen Linien und die Konturen und greift zu einem weichen Stift, wenn er die dicken Striche zeichnet, die er anschließend mit einem Estompe verwischt.

Striche und Verwischen auf rauhem Papier Die körnigen Striche eines Kohlestäbchens wirken besonders gut auf der unregelmäßigen Oberfläche von rauhem Papier. Die Textur des Papiers und der Striche scheinen sich zu ergänzen. Wenn diese Striche dann verwischt werden, verhält sich die natürliche Holzkohle wie nasse Ölfarbe und läßt sich mit der Fingerspitze oder einem Estompe ganz leicht auf dem Papier verteilen. Mit einem Sandpapierblöckchen können Sie das Stäbchen so anspitzen, daß Sie damit solche Linien zeichnen können, wie Sie sie hier bei der Nase und zwischen den Lippen finden.

Schritt 1 Wie mit einem Graphitstift oder Kreide kann man auch mit Kohle sehr gut auf kräftigem, weißem Zeichenpapier arbeiten, das gerade so viel Textur hat, daß es die Kohlepartikelchen abschleift, wenn Sie den Stift über das Papier gleiten lassen. Kohle läßt sich so leicht verwischen, daß die Versuchung ungeheuer groß ist, die Töne einer Kohlezeichnung zu wischen. Sie sollten dieser Versuchung aber zunächst einmal widerstehen und mit einem Porträt beginnen, bei dem die Töne ausschließlich mit Strichen wiedergegeben werden. Bei dieser Zeichnung verwendet der Künstler drei verschiedene Kohlestifte: einen harten, einen mittleren und einen weichen. Bei der ersten Skizze der Eiform mit ihren Hilfslinien tritt zuerst der harte Stift in Aktion, der vorher gut gespitzt wurde. Der Kopf ist ein wenig nach rechts gedreht, so daß sich auch die Mittellinie in dieser Richtung verschiebt. Da das Modell den Kopf etwas neigt, bilden die horizontalen Hilfslinien leichte Bogen. Der Künstler hält sich an diese Linien, wenn er die Lage des Ohres andeutet. Es scheint ein wenig hoch am Kopf angesetzt zu sein, stimmt aber tatsächlich mit den Hilfslinien von Augen und Nase überein.

Schritt 2 Mit dem harten Kohlestift werden nun die Konturen von Kopf und Haar mit ganz blassen Linien gezeichnet, bei denen der Künstler nur leicht aufdrückt. Augenbrauen, Augen, Nase und Mund werden sorgfältig auf den geschwungenen Hilfslinien aus Schritt 1 wiedergegeben. Da der Kopf geneigt ist, scheint der Haaransatz weiter in der Stirn zu liegen, und wir sehen mehr vom Oberkopf. Mit großzügigen Bogen wird das Haar um die Konturen der Eiform gelegt und ins Gesicht hineingezogen. Schon in diesem frühen Stadium erkennt man die typische geschwungene Form der Oberlippe. Wenn der Kopf, wie hier, ins Halbprofil gedreht ist, ist die Mittellinie besonders hilfreich, um den Nasenrücken und die Unterseite der Nase, die kleine Rinne zwischen Nase und Oberlippe, die Trennlinie des Mundes und das Kinngrübchen zu zeichnen. Aus diesem Blickwinkel heraus liegt das – vom Betrachter aus gesehen – rechte Auge ganz dicht bei der Mittellinie, und das linke Auge ist ein ganzes Stück davon entfernt.

Schritt 3 Die Spitze eines harten Kohlestiftes nutzt sich nicht so schnell ab wie die eines mittleren oder weichen Stiftes, und so kann der Künstler damit jetzt auch noch die genaue Form von Augen, Nase, Mund, Wangen, Kiefer und Kinn zeichnen. Man kann nun schon beide Lider, die eine Augenhöhle, die präzise Form des Nasenflügels, die Bögen der Oberlippe und die volle Unterlippe erkennen. Nachdem die Gesichtszüge festgelegt sind, kritzelt der Zeichner mit der Spitze des harten Stiftes ganz leicht über die getönten Flächen von Haar, Stirn, Wange, Kiefer, Hals, Augenhöhlen, Nase und Mund. Am Ende von Schritt 3 besteht dann schon ein deutlicher Unterschied zwischen den Licht- und Schattenflächen auf dem Kopf.

Schritt 4 Jetzt greift Lawn zu einem mittleren Kohlestift und beginnt, damit die Töne bei Stirn, Wange, Kiefer, Hals, Augenhöhlen, Nase und Mund anzulegen. Beachten Sie, wie er den Stift in kleinen Schwüngen bewegt, so daß sich die Striche den Rundungen des Gesichts anpassen. Sie erkennen diese Bögen ganz deutlich auf Stirn, Wange und Kiefer, aber wenn Sie genau hinschauen, entdecken Sie auch noch ganz kleine davon innerhalb der Augenhöhlen und am Nasenflügel. Sehen Sie, wie die dunkle Vertiefung in der Wange mit einer zweiten Reihe von Schrägstrichen herausgearbeitet wurde, die das erste Bündel überlappt? Wenn eine Strichlage eine andere so wie hier kreuzt, nennt man das Schraffierung. Mit der Spitze des mittleren Kohlestiftes werden dann die Konturen der Augen verstärkt, feine Töne unter dem Oberlid ergänzt und der Schatten hinzugefügt, den das Lid auf das Auge wirft. Ebenfalls mit der Spitze des Stiftes werden zum Schluß noch einmal die Lippen nachgezogen.

Schritt 5 Jetzt hält Lawn den mittleren Kohlestift schräg und überarbeitet die Töne mit kräftigen Bogen. Er befaßt sich noch einmal mit der Seite von Stirn, Wange, Kiefer und Hals und vertieft die Töne aus Schritt 3 und 4. Beachten Sie, wieviel breiter die Striche jetzt sind. Der Künstler tönt die Schatten in den Augenhöhlen und an der Unterseite der Nase nach. Er betont die dunklen Linien um die Augenlider und ergänzt die Details beim Ohrinneren. Mit großzügigen Bewegungen tönt er das Haar dunkler, indem er den Stift in Bogen über das Papier gleiten läßt, die die Textur der Locken andeuten sollen. Wo das Haar an die helle Seite des Gesichts grenzt, verstärkt er die Linien von Braue, Wange, Kiefer und Kinn. Der Kopf wirkt nun viel plastischer als in Schritt 4.

Schritt 6 Der weiche Kohlestift hinterläßt viel dickere und dunklere Striche als der harte und mittlere Stift, den der Künstler vorher verwendet hat. Er benutzt jetzt den weichen Stift, um die Locken des Modells mit Bündeln von kurzen, dicken Strichen dunkler zu tönen. Dadurch entsteht ein stärkerer Kontrast zwischen der Blässe des Gesichts und dem dunklen Haar. Der weiche Stift ist gerade so spitz, daß man damit die Brauen, die Augen, die Nasenflügel und den Schatten unter der Nase nachtönen kann. Beachten Sie die Andeutung von Schatten unter den Oberlidern.

Schritt 7 John Lawn tönt das Haar mit dicken, geschwungenen Strichen mit einem weichen Kohlestift nach. Dann läßt er den Stift über das Gesicht gleiten und vertieft die Schatten auf Stirn, Wange, Kiefer und Hals und tönt die Augenhöhlen, die Lippen und die Schattierungen um die Nase nach. Als nächstes befaßt er sich wieder mit den Augen und verstärkt die Linien der Lider, ergänzt die Pupillen und deutet die Wimpern an. Mit einem Knetgummi hellt er dann die Augäpfel auf, arbeitet die Glanzlichter auf den Pupillen heraus, ergänzt helle Stellen auf den Lidern und reinigt zum Schluß die hellen Flächen im Gesicht.

Schritt 1 Um Ihnen eine Technik zu zeigen, bei der Striche mit verwischten Tönen kombiniert werden, hat sich der Künstler drei interessante Zeichenwerkzeuge ausgesucht. Er arbeitet mit einem mittleren Kohlestift und zwei Stäbchen aus gepreßter Kohle, einem mittleren und einem weichen. Gepreßte Kohle wird aus Kohlepartikelchen hergestellt, die unter Druck zu einem Stäbchen verbunden werden, das sich dann etwa wie ein hartes Pastellstäbchen verhält. Natürliche Holzkohle dagegen besteht aus einem richtigen verkohlten Zweig. Gepreßte Holzkohle hinterläßt einen recht präzisen Strich, der sich nicht ganz so leicht verwischen läßt wie natürliche Holzkohle. Der Künstler zeichnet hier die ersten Hilfslinien mit einem mittleren Kohlestift auf Ingrespapier, dessen Oberfläche sich besonders zum Verwischen eignet.

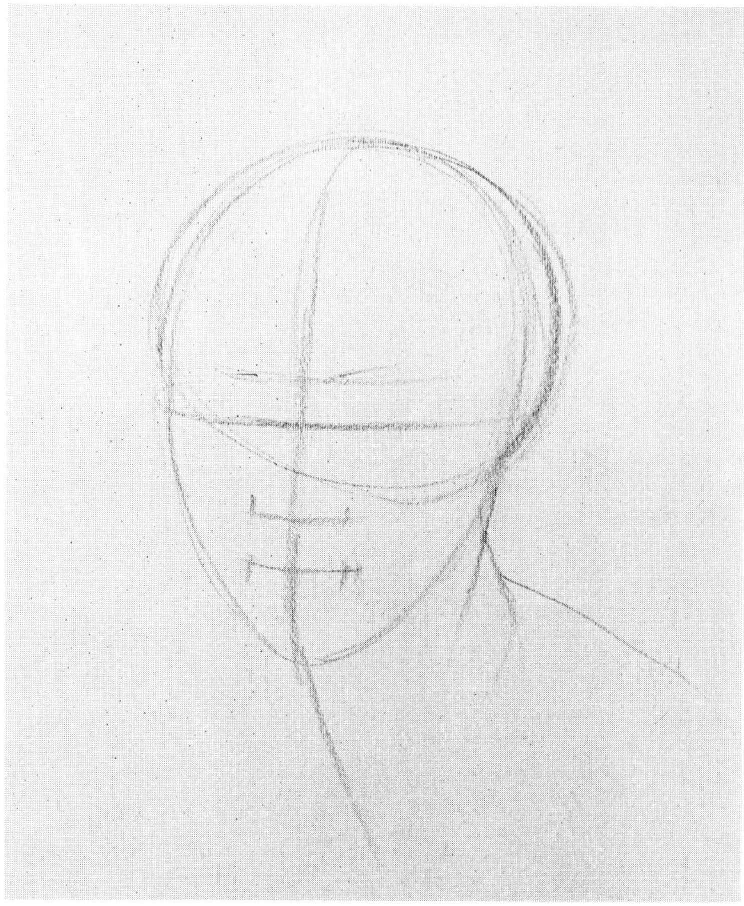

Schritt 2 Als nächstes werden die Konturen des Gesichts über den Hilfslinien aus Schritt 1 gezeichnet. Zuerst arbeitet John Lawn die Gesichtszüge auf den horizontalen Linien heraus; der obere Rand des Ohrs und das Ohrläppchen liegen dabei wieder auf einer Höhe mit den Augen, bzw. der Nase. Der Kopf wird mit der Kontur des Haares umgeben. Die gerippte Textur des Ingrespapiers ist schon in diesem Stadium deutlich erkennbar. Da die Zeichnung im wesentlichen von dicken Strichen und verwischten Tönen beherrscht wird, braucht die Vorzeichnung nicht allzu genau auszufallen: die Körnung des Papiers bricht die Striche, und sie gehen später in den Tönen der fertigen Zeichnung unter.

Schritt 3 Jetzt arbeitet der Künstler die Rundungen von Wangen, Kiefer und Kinn mit dem Kohlestift heraus und präzisiert die runden Formen bei den Gesichtszügen. Sie erkennen die Bogen von Brauen und Lidern, die gerundete Form von Nasenflügeln und Nasenspitze und die vollen Lippen. Hier sehen Sie nun auch zum letzten Mal die Hilfslinien aus Schritt 1; wenn Schritt 3 abgeschlossen ist, werden sie ausradiert.

Schritt 4 Lawn nimmt jetzt das gepreßte Kohlestäbchen und schleift es auf Sandpapier so zurecht, daß es dicke Striche hinterläßt, wenn er es schräg zum Papier hält. Dann läßt er sein Zeichenwerkzeug diagonal über das Blatt gleiten und füllt die Umrisse von Gesicht und Haar mit breiten, unregelmäßigen Strichen. Als nächstes überarbeitet er die Gesichtszüge und tönt Augenhöhlen, Augen, Nase und Mund mit dicken Strichen dunkler. In diesem Stadium wird die gepreßte Kohle nur ganz leicht über das Papier geführt; der Künstler will ja lediglich die großen Flächen von Licht und Schatten angeben. Obwohl die Zeichnung bisher noch recht blaß wirkt, steht die Verteilung von Licht und Schatten jetzt schon fest.

Schritt 5 Der Künstler läßt seinen Daumen mit kräftigem Druck über die Zeichnung gleiten – beim Wischen von gepreßter Kohle darf man nicht zu zaghaft sein – und verwischt die Striche aus Schritt 4 auf der Stirn, bei Augenhöhlen, Wangen, Kiefer, Hals und Schulter. Dann verwendet er wieder den mittleren Kohlestift, um das Haar mit Kritzelstrichen zu tönen, die die Krause andeuten. Mit dem stumpfen Kohlestäbchen vertieft er die Tönung von Stirn und Augenhöhlen, betont die Iris und die Schatten unter den Augen, ergänzt die Töne um Nase und Mund und vertieft die Schatten auf der Seite von Gesicht, Hals und Schulter. Die helle Wange wird durch den dunkleren Hintergrund hervorgehoben.

Schritt 6 Nun benutzt Lawn wieder das Stäbchen aus gepreßter Kohle, um die dunklen Stellen in der Zeichnung zu betonen. Er drückt kräftig auf, wenn er das Haar mit kurzen, gebogenen Strichen überarbeitet. Die Töne um die Gesichtszüge werden mit dicken Strichen vertieft, die dann anschließend mit dem Estompe verwischt werden, mit dem man solche feineren Arbeiten besser ausführen kann als mit der Fingerspitze. Als nächstes spitzt der Künstler das Kohlestäbchen – gepreßte Kohle wird nicht so schnell stumpf wie natürliche Holzkohle – und ergänzt damit feine dunkle Linien bei Brauen, Augen, Nasenflügeln und Lippen. Bisher waren die Gesichtszüge noch ganz weich und recht ungenau, jetzt geht Lawn daran, sie zu präzisieren. Mit dicken Strichen bekommen die Wange und der Schatten unter dem Kinn einen kräftigeren Ton. Die Striche werden anschließend mit der Fingerspitze verwischt.

Schritt 7 Das weiche Kohlestäbchen gleitet leicht über alle dunklen Flächen im Gesicht und hinterläßt dicke, weiche Striche, die Sie am besten auf Wangen, Kiefer und Hals erkennen können. Der Künstler verwischt diese Striche mit dem Daumen und baut so langsam die Wirkung von Licht und Schatten auf. Weitere breite Striche kommen beim Haar hinzu und werden dann mit dem Daumen so verwischt, daß sie noch deutlich genug erkennbar bleiben, um Details zu zeigen. Mit der Spitze des Kohlestäbchens werden die Konturen von Lidern, Nasenflügeln und Lippen mit feinen, präzisen Linien nachgezogen. Mit einem Knetgummi werden zum Schluß die hellen Flächen im Gesicht gereinigt. Die fertige Zeichnung wirkt durch die kräftigen Striche sehr lebendig, die der Künstler zwar verwischt, aber nie völlig auslöscht.

Schritt 1 Das traditionelle Stäbchen natürlicher Holzkohle ist eines der wunderbarsten Zeicheninstrumente, die je entdeckt wurden. Mit diesem schwarzen, bröckeligen Zweig kann man eine Vielzahl von zart rauchigen Tönen herausarbeiten, die man dann mit der Fingerspitze verwischt, um ein Porträt in Schwarz und Weiß zu „malen", das der reichen Vielfalt eines Ölgemäldes in nichts nachsteht. Für dieses letzte Beispiel hat John Lawn einen besonders rauhen Bogen Papier ausgesucht, dessen harte, körnige Textur sich sehr gut zum Verwischen eignet. Der Künstler schleift sein Stäbchen aus natürlicher Holzkohle auf Sandpapier zurecht und zeichnet dann damit die Eiform im Halbprofil. Sie erkennen die üblichen Hilfslinien. Die Striche, die das Kohlestäbchen hinterläßt, sind kräftig und rauh, aber sie verschwinden rasch, wenn sie beim Verwischen mit dem Finger berührt werden.

Schritt 2 Ein Stäbchen natürlicher Holzkohle ist nie so scharf wie ein Kohlestift, so daß die Striche immer recht breit und ungleichmäßig ausfallen, und eben das macht, zum großen Teil, ihren Reiz aus. Der Künstler beginnt jetzt die Konturen des Kopfes mit raschen, harmonischen Strichen zu zeichnen, wobei die Kohle nur ganz leicht über das Papier geführt wird. Die Linien sind nicht besonders genau, dafür aber sehr lebendig. Lawn arbeitet nicht allzu sorgfältig, diese Linien verschwinden ja später sowieso, wenn er mit dem Verwischen beginnt. Beachten Sie, wie die unregelmäßige Körnung des Papiers die Striche bricht.

Schritt 3 Die Strichzeichnung von Gesicht und Gesichtszügen ist fertig. Obwohl die Linien körnig und gebrochen sind, arbeitet der Künstler die Formen von Augenlidern, Nase, Lippen und Ohr heraus. Er zieht die Konturen von Wangen, Kiefer und Kinn nach, zeichnet die Form der Haare genauer und deutet den Kragen mit ein paar Strichen an. In dieser Strichzeichnung soll zum einen die Ähnlichkeit mit dem Modell hergestellt werden, zum anderen wird die grobe Verteilung der Töne festgelegt, die in den nächsten Schritten hinzukommen und dann diese Linien unter sich begraben.

Schritt 4 Der Künstler hält nun das Kohlestäbchen schräg zum Papier und trägt die Töne mit dicken, ungleichmäßigen Strichen auf. Er arbeitet rasch und entschlossen und läßt breite Abstände, die aber nicht weiter stören, da sie bald beim Verwischen verschwinden. Der Kopf wird nun auf einmal zu einer plastischen Form. Schuld daran sind die großen Schatten an der Seite von Braue, Wange, Kiefer, Hals, Augen, Nase und Kinn. Die Oberlippe ist dem Licht abgewandt und damit dunkel. Die Nase wirft einen Schatten nach unten, in Richtung auf die Oberlippe. Zwischen den Kragenecken befinden sich unregelmäßige Schatten. Schon in diesem Stadium weist das Porträt alle typischen Merkmale einer Kohlezeichnung auf: es ist schlicht und ungemein eindrucksvoll. Der Künstler könnte schon jetzt aufhören, aber an diesem Beispiel will er Ihnen ja zeigen, welche Vielfalt von Tönen Sie mit natürlicher Holzkohle erzielen können.

Schritt 5 Lawn läßt jetzt seine Fingerspitze leicht über die getönten Flächen aus Schritt 4 gleiten und verwischt die rauhen Striche zu weichen, rauchigen Tönen. So entsteht im Nu eine völlig neue Zeichnung! Die Linien und Striche aus den vorangegangenen vier Phasen sind fast ganz verschwunden, nachdem der Künstler die zarten Grautöne herausgearbeitet hat. Anschließend zeichnet er mit dem Kohlestäbchen innerhalb dieser Töne wieder ein paar Details, wie z. B. die Augenwinkel, die Unterseite der Nase, die kantige Kontur des Kiefers und die Form der Lippen.

Schritt 6 In dieser Phase arbeitet der Künstler abwechselnd mit dem Kohlestäbchen und seiner Fingerspitze. Mit kurzen, dicken Strichen werden Brauen, Augenhöhlen, Nase, Lippen, Wangen und Kinn tiefer getönt. Anschließend werden diese Flächen mit dem Finger verwischt, manchmal auch mit einem Estompe, wenn die Stelle recht klein ist. Die Technik besteht darin, ein paar Striche zu zeichnen und sie zu verwischen, dann weitere Striche zu arbeiten und sie zu verwischen, um auf diese Weise ganz allmählich die Tönungen aufzubauen und die Details hervorzuheben. Lawn schleift dann das Kohlestäbchen auf Sandpapier zurecht und ergänzt damit feine, präzise Linien innerhalb der Augen und tönt die Pupillen dunkler. Mit einer Rasierklinge werden die Glanzlichter in den Pupillen herausgearbeitet. Dunkle, dünne Linien präzisieren die Konturen von Nase und Kinn. Der Künstler betont die Mundwinkel und ergänzt ein paar Haarsträhnen über dem Ohr. Mit Details geht John Lawn sehr sparsam um: lieber ein bißchen zu wenig als zu viel!

Schritt 7 Der Zeichner überarbeitet die getönten Flächen noch einmal mit ein paar zusätzlichen Strichen, die er anschließend mit der Fingerspitze verwischt, und vertieft so allmählich die Schatten, bis ein starker Kontrast zwischen den beleuchteten und den dunklen Seiten der Formen entsteht. In der fertigen Zeichnung sind kaum noch Striche oder Linien zu finden, nur innerhalb von Augen und Ohr, bei den Nasenlöchern und zwischen den Lippen sind sie erhalten geblieben. Mit dem Knetgummi werden als nächstes Stirn, Wangen, Nase und Kinn aufgehellt, ein paar Falten auf der linken Wange „gezeichnet" und Lichtflecken auf dem Haar herausgearbeitet. Mit einer Rasierklinge werden zum Schluß noch weiße Linien in das Haar gekratzt und die Glanzlichter in den Pupillen aufgehellt.

Licht schräg von der Seite Bevor Sie mit dem Zeichnen eines Porträts beginnen, müssen Sie unbedingt feststellen, woher das Licht kommt. Hier liegt die Lichtquelle über der linken Schulter des Zeichners. Der größte Teil des Gesichts ist hell erleuchtet, an der rechten Seite der Formen befinden sich schmale Schattenstreifen. Diese Beleuchtung schmeichelt den meisten Modellen.

Licht von der Seite Bei diesem Beispiel fällt das Licht nicht mehr über Ihre Schulter, die Lichtquelle befindet sich neben dem Modell, so daß ein größerer Teil des Gesichts im Schatten liegt. Fast die ganze rechte Seite befindet sich im Dunkeln, mit Ausnahme eines kleinen hellen Dreiecks auf der Wange. Die Nase steht vor und wirft einen dunklen Schlagschatten nach rechts.

Licht von vorne Wenn das Licht mitten in das Gesicht fällt, liegen in der Mitte der Formen große, helle Flächen, die von Schatten umgeben sind. So ist z. B. die Stirn in der Mitte hell und an den Seiten beschattet. Ebenso sieht es bei Nase, Wangen und Kinn aus. Kinn und Kiefer werfen einen dunklen Schatten auf den Hals.

Gegenlicht Bei diesem Beispiel befindet sich die Lichtquelle hinter dem Modell, und der größte Teil seines Gesichts liegt im Schatten. Das Licht fällt nur auf den Rand des Gesichts. Obwohl die Front im Dunkeln liegt, gibt es doch einen deutlichen Kontrast zwischen Schatten und den Halbtönen, die die Gesichtszüge definieren. Auch die Schatten enthalten immer ein wenig Licht.